진보 오리엔탈리즘을 넘어서

반노무현주의, 탈호남 그리고 김대중, 노무현의 부활

진보 오리엔탈리즘을 넘어서

ⓒ장신기, 2017

초판 1쇄 2017년 2월 20일 발행

지은이 장신기
펴낸이 김성실
교정교열 김태현
책임편집 박성훈
표지 디자인 석운디자인
본문 디자인 채은아
제작 한영문화사

펴낸곳 시대의창   **등록** 제10-1756호(1999. 5. 11)
주소 03985 서울시 마포구 연희로 19-1
전화 02)335-6121   **팩스** 02)325-5607
전자우편 sidaebooks@daum.net
페이스북 www.facebook.com/sidaebooks
트위터 @sidaebooks

ISBN 978-89-5940-633-3 (03340)

이 도서의 국립중앙도서관 출판시도서목록(CIP)은
서지정보유통지원시스템 홈페이지(http://seoji.nl.go.kr)와
국가자료공동목록시스템(http://www.nl.go.kr/kolisnet)에서 이용하실 수 있습니다.
(CIP제어번호: CIP2017002404)

진보 오리엔탈리즘을 넘어서

반노무현주의, 탈호남 그리고 김대중, 노무현의 부활

장신기 지음

시대의창

프롤로그

진보 오리엔탈리즘의 해체와 진보의 부활

최순실 게이트와 한국 신보수주의의 종언

2016년 하반기 한국 사회를 강타한 최순실 게이트는 이명박-박근혜 정권으로 이어진 한국 신보수주의의 종언을 알리는 역사적 사건으로 기록될 것이다. 수백만 국민이 촛불을 들어 박근혜 정권의 퇴진을 요구하자 2016년 12월 9일 박근혜 대통령에 대한 탄핵안이 국회에서 압도적인 찬성으로 통과되었다. 그리고 12월 27일에는 새누리당 비박계 의원들이 탈당하여 보수 정당이 양분되는 초유의 사건이 발생하였다. 이는 그만큼 신보수주의 세력에 대한 국민적 공분이 크다는 사실을 보여준다. 1987년 민주화 이후 최대 위기에 봉착한 한국 보수 세력은 정치적 생존을 위해서라도 기존 신보수주의와의 과감한 절연이 필요한 상황이다. 앞으로 어떤 방향으로 전개되든지 한국 신보수주의는 이제 끝났다.

13년 전 신보수주의가 처음 대두하던 당시의 상황을 돌이켜보면 지금의 변화는 매우 충격적이다. 신보수주의가 2004년 뉴라이트 운동과 함께 등장했을 당시에는 열광적인 지지를 받았다. 2006년 지방선거, 2007년 대선, 2008년 총선 결과가 이를 증명한다. 당시에는 신보수주의 세력의 지지도가 압도적으로 높다 보니 민주당 세력을 포함한 범진보 세력이 회복 불능의 상황에 처한 것은 아닌가 하는 비관적 진단이 팽배했다. 자민당 1당 지배 체제의 일본처럼 한국도 우익 일변도의 사회가 될 것이라는 전망이 보수와 진보 모두에서 나올 정도였다. 그런데 놀랍게도 강력했던 신보수주의에 대한 지지는 오래가지 못했다.

이명박 정권은 압도적인 지지 속에서 출범하였고, 임기 첫해에 새롭게 구성된 의회 역시 정권에 매우 유리했다. 1987년 민주화 이래 이명박 정권처럼 정치적 자율성이 높은 정권은 없었다. 그럼에도 이명박 정권은 연이은 실정으로 국민적 반발을 불러일으켰다. 그러나 아직 신보수주의의 정치적 자산은 상당히 남아 있었고, 여기에 '선거의 여왕' 박근혜 후보가 나서면서 정권 재창출에 성공하였다. 하지만 박근혜 정권 역시 여러 실정을 거듭하여 2014년 지방선거에서 당시 야당에 사실상 패했고 2016년 총선에서는 대패하였다. 급기야 2016년 하반기에 최순실 게이트가 터지

진보 오리엔탈리즘을 넘어서

면서 정치적 정당성에 회복하기 힘든 타격을 받았다. 1987년 6월 항쟁을 넘어서는 대규모 촛불 국민 항쟁이 전개되었고 마침내 박근혜 대통령에 대한 탄핵안이 국회에서 통과되었다. 야 3당은 물론이거니와 여당인 새누리당에서도 절반 정도가 탄핵에 동참하였다.

그러나 '탄핵 통과는 끝이 아니라 시작'이라는 말이 나올 정도로 이 사태에 대한 국민적 공분은 쉽게 가라앉지 않고 있으며, 탄핵을 넘어 구체제에 대한 근본적 혁신을 요구하는 목소리가 커지고 있다. 이처럼 한국 신보수주의는 아주 처절한 방식으로 종식되고 있다. 신보수주의가 처음 등장했던 시절을 돌이켜보면 지금 상황은 매우 놀랍기만 하다.

신보수주의가 남긴 폐해는 매우 크다. 따라서 지금 나타난 문제에 대한 정치적·법적 책임을 명확하게 해야 한다. 그러나 문제에 대한 책임 추궁과 단죄에만 그쳐서는 안 되며, 전면적인 구조 개혁을 통해 문제의 원인을 근본적으로 제거하고 새로운 질서를 구축하기 위한 실천을 구체화해야 한다. 신보수주의 세력의 정치적 정당성 자체가 붕괴된 지금 국가를 정상화하고 국내외의 악재에 따른 위기에 대처하기 위해서는 범진보 세력이 제 역할을 해야 한다. 하지만 진보 세력이 이 같은 역할을 제대로 잘할 수 있을지는 확신하기 어렵다. 신보수주의 세력의 자멸로 정치적 반사 이익을 보고 있는 진보 세력은 역량 강화를 위해 여러 노력을 기울

여야만 한다.

진보 세력에게 필요한 것은 무엇인가

그렇다면 무엇이 필요한가? 정책, 조직, 홍보 등 여러 분야에 걸쳐 혁신과 보완이 필요하다. 이에 대한 구체적 내용은 이미 많은 전문가들이 거론한 바 있으므로 여기서 반복할 필요는 없을 것이다. 다만 중요한 한 가지가 빠져 있는데, 그것은 바로 인식의 기본 방향과 태도에 영향을 주는 관념적 의식 체계, 즉 이데올로기와 프레임과 관련된 문제다.

현재 진보 세력 내부에는 보수적 프레임에 기초한 각종 담론과 인식이 상당히 넓게 퍼져 있다. 보수든 진보든 각자 긍정적인 면이 있기에 이와 같은 현상이 진보 세력이 취장보단取長補短을 통해 스스로의 역량을 강화시키려는 목적에서 나온 것이라면 괜찮다. 이는 오히려 권장할 만한 일이다. 상대방의 고언苦言을 경청하고 숙고하여 자신의 단점을 보완하는 일은 매우 중요하기 때문이다. 그런데 그 근본 목적이 진보를 폄훼하여 진보의 장점을 은폐하고 진보의 자긍심을 축소시키는 데 있다면 사정은 달라진다. 이는 진보의 역량을 약화시킬 따름이다.

지금 진보 세력 내부에서 나타나는 보수적 프레임에 기초한 담론과 인식은 어떤 성격을 띠고 있을까? 이 중 상당수는 진보의 가치, 정체성, 장점 등을 해체하고 부정하려는 목적이 강하다. 물론 진보의 발전을 위해 진보가 과감하게 수용해야 할 내용도 있다. 그러나 대다수는 그렇지 못하다. 진보는 부지불식간에 스스로에게 불리한 행동을 하고 있다. 그것도 매우 자연스러운 방식으로 말이다. 보수에 의해 의식이 식민화되었기 때문이다. 강압적 지시나 물리적 압력과 같은 외부의 힘에 불가피하게 굴종한 것이 아니라 이미 체화된 신념에 따라 그렇게 판단하고 행동하는 것이다.

문제의 핵심은 진보 오리엔탈리즘

이 같은 현상은 오리엔탈리즘orientalism과 비슷한 면이 있다. 팔레스타인 출신 미국인인 에드워드 사이드Edward Said가 개념화한 오리엔탈리즘은 동양에 대한 서양의 편견과 왜곡, 동양에 대한 서양의 사고방식과 지배 방식을 뜻한다. '지배'의 측면에서 볼 때 오리엔탈리즘의 핵심은 동양이 스스로를 인식할 때 서양의 관점을 경유한다는 점이다. 다시 말해 동양이 인식의 준거점을 동양이 아닌 서양에 둠으로써 타자(서양)에 의해 형상화된 모습을 자화상으로 인식하게 된다는 것이다.

　동양은 스스로를 표현하는 과정에서 서양의 편견과 무지, 지배 욕망이 결부되어 있다는 사실을 인식하고 있어야 한다. 그러나 의식의 식민화 탓에 그와 같은 권력관계를 제대로 인식하지 못한다. 그런 면에서 오리엔탈리즘은 동양의 의식 속에 자리 잡은 서양의 트로이 목마를 지칭하는 개념이라고 할 수 있다.

오리엔탈리즘과 관련된 현상은 우리 주변에 너무 많아서 일일이 열거하기 힘들 정도다. 가령 극동極東, the Far East 지역이라는 표현은 유럽에서 먼 동쪽인 동북아 지역을 가리키는 말이다. 그러므로 우리가 유럽을 기준으로 한 극동이라는 용어를 쓰는 것은 적절하지 않다. 우리 기준에서 극동 지역은 북아메리카 동부쯤이기 때문이다. 또한 서양과 동양의 차이를 상대적 개념이 아니라 우열 관계로 인식하는 경우도 이에 해당한다. 오리엔탈리즘은 딱딱한 정치 영역, 고상한 학문 영역에만 국한되지 않고 우리 일상생활에도 깊게 뿌리박혀 있다.

오리엔탈리즘은 푸코의 지식·담론 이론과 궤를 같이한다. 푸코는 지식과 담론의 형성과 작용에 있어 권력의 미시적 작동에 주목했다. 마찬가지로 사이드는 동양에 대한 지식의 형성 및 담론화 과정에서 나타나는 권력관계의 본질을 밝히고자 했다.

오늘날 오리엔탈리즘이라는 용어는 의식의 식민화 현상을 의미하는 보편적인 개념어가 되었다. 그렇게 볼 때 한국의 진보 세력에게서 나타나는 의식의 식민화 현상 역시 오리엔탈리즘의 성격을 띠고 있다고 볼 수 있다. 이 책에서는 이를 '진보 오리엔탈리즘'이라고 명명하고자 한다.

진보 오리엔탈리즘을 극복해야 한다

진보 오리엔탈리즘은 보수에 의해 형성된 진보 내부의 의식이나 태도를 뜻한다. 진보는 스스로를 인식할 때에도 그러한 렌즈를 통해서 바라보게 된다. 그래서 진보 오리엔탈리즘은 보수를 강화시키고 진보를 약화시키는 역할을 하게 된다. 진보 오리엔탈리즘은 보수 세력의 헤게모니 지배 전략의 일환이다. 진보 오리엔탈리즘은 다섯 가지 구체적인 형태로 나타나며 '반노무현'과 '탈호남'이라는 두 가지 정치적 상징을 통해 정치 담론 공간에서 지속적으로 확대 재생산되고 있다.

진보 오리엔탈리즘은 '기울어진 운동장'이라는 말이 나올 정도의 보수 우위 정치사회 기반과 신보수주의의 막강한 영향력이라는 두 가지 배경에서 출현했다. 이러한 상황에서 진보의 생존과 승리가 어렵다고 판단한 자포자기성 회의론이 만연했고 보수적 프레임에 포획된 노선으로 국민의 지지를 얻어야 한다는 주장이 세를 얻게 된 것이다. 진보 오리엔탈리즘은 어느 날 갑자기 튀어나온 일시적인 현상이 아니라 역사적이고 구조적인 맥락 속에서 서서히 축적되다가 그 모습을 드러낸 매우 뿌리 깊은 현상이다. 그래서 이 문제는 결코 간단하지 않다.

진보의 혁신과 부활을 위해서는 진보 오리엔탈리즘을 혁파해야 한다. 진보 오리엔탈리즘은 진보 내부를 약화시키는 것은 물론이거니와 국민들이 진보에 대해 잘못된 편견을 갖도록 한다. 진보 오리엔탈리즘을 전복시키지 않으면 진보에 독이 되는 것을 약으로 오인하는 문제가 계속해서 나타나 신보수주의의 종언 이후 새로운 질서를 구축해나가는 데 큰 장애가 될 것이다. 이 책은 진보의 부활을 위해서는 진보 오리엔탈리즘을 반드시 해체해야 한다는 문제의식에서 비롯되었다.

이 책은 총 다섯 장으로 구성되어 있다. 1장에서는 진보 오리엔탈리즘이 현실에서 나타나는 다섯 가지 모습을 살펴본다. 2장에서는 '반노무현' '반노무현주의' '탈호남'을 다루며 진보 오리엔탈리즘이 정치적 상징과 이데올로기로 응용되는 과정을 분석한다. 3장과 4장에서는 민주당 계열 정당과 정치 지도자들이 진보 오리엔탈리즘을 강화시키는 과정을 살펴본다. 마지막 5장에서는 진보 오리엔탈리즘의 폐해를 다루고, 에필로그에서 진보 오리엔탈리즘을 극복하기 위한 대안을 제시할 것이다.

목차

프롤로그 진보 오리엔탈리즘의 해체와 진보의 부활 5

1장 진보 오리엔탈리즘, 다섯 가지 모습

'안보는 보수'일까? 19

'이념 없는 민생'이라고? 30

'반대만 하는 진보'라는 올가미 38

원칙 없는 역사 화해 46

무엇을 위한 '탈호남'인가? 54

2장 반노무현주의는 무엇인가

정치적 상징으로서의 '반노무현'은 무엇인가? 61

· 정치적 상징으로서 '반노무현'의 의미는? 61

· '반노무현'을 대하는 보수의 자세: 확산과 은폐 71

반노무현주의는 무엇이며 왜 나타났나? 76

· '반노무현주의'는 무엇인가? 76

· 미완의 민주주의 공고화와 비동시성의 동시성 80

· 한국 신보수주의의 대두 92

반김대중주의와 반노무현주의 100

· '빨갱이'와 호남:
   반공주의와 반호남 지역주의 그리고 반김대중주의 100

· '반DJ'와 '반노'의 공통점과 차이점은 무엇인가? 110

· '반노' 담론의 문제점은 무엇인가? 116

3장 민주당 계열 정당은 무엇을 잘못했는가

진보 오리엔탈리즘을 강화하는 친노와 반노 123

· 친노, 헤게모니 없는 다수파로서의 한계 123

· 친노 세력이 헤게모니 없는 다수파에 머무는 이유 127

· 반노 정치의 한계 133

호남 문제에 대한 잘못된 대응 139

· 호남 문제에 대한 친노의 잘못된 인식 139

· 호남 문제에 대한 반노의 잘못된 인식 148

· 호남 정서의 본질은 무엇인가? 159

4장 진보 오리엔탈리즘을 강화하는 정치 리더십의 빈곤

정치 세력화를 위한 정치 지도자의 두 가지 덕목:
통합과 구별 짓기 165

통합적 리더십의 빈곤 169

· 문재인, 후광정치와 통합적 리더십의 빈곤 169

· 안철수, 3당 체제론과 통합적 리더십의 빈곤 179

정치 세력화를 위한 구별 짓기 능력의 빈곤 190

5장 진보 오리엔탈리즘, 무엇이 문제인가

무력화된 진보 199
· 진보 오리엔탈리즘과 전통적 지지 기반의 분화 199
· 정치적 리더십의 빈곤과 끊임없는 좌우 노선 클릭 212
· 순치된, 순화된 진보 216
· 중도화는 필요하나 영혼 없는 방식은 곤란하다 220

역사의 전환점이 된 20대 총선:
국민이 수렁에 빠진 진보 세력을 구하다 227
· 진보 세력의 총선 승리는 무엇을 뜻하는가? 227
· 야권의 분열이 총선 승리로 이어졌다는 주장은 사실인가? 229
· 야권이 지역구에서 승리한 이유:
  분열 때문이 아니라 분열했음에도 이긴 것 235

에필로그 진보 오리엔탈리즘의 해체와 자생적 중도화 248
미주 254

1장

진보 오리엔탈리즘,
다섯 가지 모습

1장에서는 진보 오리엔탈리즘이 나타나는 다섯 가지 유형을 살펴본다. 진보 오리엔탈리즘은 진보 세력 외부에서는 진보에 대한 왜곡된 편견을 조장하고, 진보 세력 내부에서는 자신의 정체성에 대한 근거 없는 회의와 자신감 결여와 같은 의식의 식민화 현상을 초래한다. 그래서 진보 오리엔탈리즘은 진보 약화, 보수 강화라는 두 가지 정치적 효과를 낸다. 이번 장에서는 '안보는 보수' '이념 없는 민생' '반대만 하는 진보' '원칙 없는 역사 화해' '탈호남' 등 다섯 가지 담론을 진보 오리엔탈리즘 현상으로 규정하고 이에 대해 분석한다.

'안보는 보수'일까?

진보 오리엔탈리즘과 관련해 가장 먼저 살펴볼 내용은 '안보는 보수'라는 프레임이다. '안보는 보수'라는 인식은 보수, 진보를 떠나서 매우 광범위하게 퍼져 있다. 그래서 민주당 계열 정당을 비롯한 범진보 세력 내부에서도 내부 혁신을 위한 논리로 '안보는 보수'라는 프레임을 적극적으로 받아들이고 있다. 그만큼 '안보는 보수'라는 프레임은 매우 강력한 영향력을 발휘하고 있다. 하지만 이는 진보 오리엔탈리즘의 가장 대표적인 사례로 그 폐해가 매우 심각하다. 진보 오리엔탈리즘의 다섯 가지 현상 중 '안보는 보수' 프레임을 제일 먼저 분석하는 이유도 여기에 있다.

　민주당 계열 정당은 김대중 전 대통령이 내세웠던 햇볕정책을 당의 핵심 정체성으로 인식할 만큼 매우 중시한다. 그래서 더불어민주당과 국민의당은 햇볕정책에 대한 인식과 태도를 상대를 공격하는 주요 수단으로 삼기도 한다. 한 예로 국민의당 내 반노 세력은 더불어민주당 내 친노 세력을 공격하기 위하여 아직도 노무현 전 대통령이 대북송금 특검을 수용했던 사실을 거론한다. 반면 더불어민주당 내 친노 세력은 2014년 3월 당시 민주당과 안철수 의원의 새정치연합 통합 과정에서 안철수 의원 측이 통합신당의 정강정책에서 '6·15 공동선언과 10·4 정상선언의 계승' 부분을 삭제하도록 요청했던 사실[1]을 지금까지도 거론한다.

그런데 '안보는 보수' 프레임은 기본적으로 햇볕정책에 대한 비판적 시각에서 출발한다. 보수 세력은 대북 화해협력 노선이 북한에 대한 잘못된 인식에 기초하고 있기 때문에 햇볕정책은 비현실적이고 낭만적인 대북 유화론에 불과하다고 진단한다. 이들은 햇볕정책 때문에 북한의 도발에 제대로 대처하지 못한 채 북한에 끌려 다니기만 했으며, 북한의 핵과 미사일 개발을 방치하고 심지어 이를 도와주었다고 인식한다. 그래서 햇볕정책이 추진된 김대중-노무현 정권 10년 동안 안보가 심각한 위기에 처해 있다고 판단한다.

이러한 배경에서 보수 세력은 진보 세력을 안보 무능 세력이라고 규정하며 공세를 편다. 햇볕정책을 부정하고 보수 세력의 대북 노선을 강조하기 위한 목적에서 '안보는 보수' 프레임을 내세

진보 오리엔탈리즘을 넘어서

운 것이다. 이는 종북론과 맞물려서 민주당 계열 정당을 비롯해 범진보 세력의 안보 능력에 대한 불신을 형성하는 데 매우 큰 영향을 주었다. 주목할 점은 이러한 시각이 진보 세력 내부에도 광범위하게 퍼져 있다는 사실이다. 진보 세력은 인정하지 않겠지만, 그들의 정치적 행동을 보면 '안보는 보수'라는 진보 오리엔탈리즘적 인식이 적잖이 드러난다. 대표적인 사례가 2016년 사드THADD 배치 문제에 대한 야당의 태도이다.

북한이 2016년 1월 6일 4차 핵실험을 단행하고 한 달 뒤인 2월 7일에 장거리 로켓을 발사하면서 그렇지 않아도 불안했던 한반도 정세는 격랑에 휩쓸리게 되었다. 특히 4차 핵실험 이후 북한의 핵능력이 고도화되어 머지않은 시점에 핵무기를 실전 배치할 수도 있다는 평가가 나오면서 충격이 더욱 컸다. 북한의 연이은 도발에 대한 맞대응으로 한미 양국은 7월 8일 사드 배치를 공식 발표하였다.

이에 대해 더불어민주당 우상호 원내대표는 7월 18일 SBS 〈3시 뉴스브리핑〉에 출연하여 "사드 배치에 대해 당론을 정하지 않기로 한 것이 당론"이라고 답했다. 우상호 원내대표는 사드 배치에 부정적이지만 국론 분열에 따른 후유증을 방지하고 신중하게 대책을 마련하기 위해 이와 같이 결정했다고 밝혔다. 이는 우상호 원내대표의 개인적 의견이 아니라 사드 배치 결정 직후부터 나온 더불어민주당의 일관된 기조다.

이러한 더불어민주당의 태도에 많은 비판이 쏟아졌다. 국민의당과 정의당을 비롯한 다른 야당과 시민사회단체는 더불어민주당의 태도가 소신 없는 기회주의의 산물이라며 강도 높게 비판했다. 더불어민주당 내부에서도 비판이 많았다. 그렇지만 당시 당지도부의 입장은 요지부동이었는데, 그만큼 전략적 모호성에 대한 소신이 매우 강했다. 그런데 이와 같은 더불어민주당의 태도는 정치윤리적 차원에서는 무책임하고 정치전략적 측면에서는 무능하다고 볼 수 있다. 또한 여기에는 근본적으로 '안보는 보수'라는 진보 오리엔탈리즘적 시각이 반영되어 있다는 점에서 매우 문제가 크다.

전략적 모호성은 다음 두 가지 경우에 필요하다. 첫째, 정보의 부재 상황이다. 사전 정보가 없거나 부족한 상황에서 전혀 예상치 못한 일이 발생했을 경우에는 사건의 성격과 전후 맥락 등을 쉽게 파악하기 힘들다. 그래서 우선은 신중하면서도 모호한 태도를 취하며 사태의 추이를 면밀하게 파악하는 것이 합리적이다. 이는 정보 접근이 원천적으로 차단되었기 때문이 아니라 정보 취합에 시간이 소요되기 때문이다. 요즘은 정보의 유통과 확산이 매우 빠른 속도로 이뤄지기 때문에 이와 같은 유형의 전략적 모호성은 대체로 한시적으로만 유효한 경우가 많다.

둘째, 경쟁하는 복수의 대상 사이에 정보 비대칭 관계가 형성되었을 경우다. 상대방이 특정 사안에 대해 더 많은 정보를 알고 있

진보 오리엔탈리즘을 넘어서

는 경우 또는 상대방이 특정 사안과 연계된 또 다른 대상과 비밀 네트워크를 갖고 있을지도 모른다는 의구심이 드는 경우가 이에 해당한다. 이 같은 정보 비대칭 상황에서는 공세를 펴기보다는 현상 유지의 방어적 행위를 하는 편이 합리적인 선택이라고 할 수 있다. 그리고 정보를 가진 쪽은 권력관계 유지를 위해 정보의 유통을 막으려 하기 때문에 정보의 부재로 발생한 이와 같은 유형의 전략적 모호성은 전자에 비해 상당히 오랜 기간 동안 유효하다.

그렇다면 당시 사드 배치 문제에 대해 더불어민주당이 취한 전략적 모호성이 위의 두 경우에 해당한다고 볼 수 있을까? 전혀 그렇지 않다. 사드의 역사, 사드 배치의 장단점에 대한 분석 등 이미 사드와 관련한 다양한 이론이 나왔고, 이와 관련해 상당한 논쟁도 진행되었다. 사드 배치는 정보의 부재 및 비대칭성에 의해 전략적 모호성이 필요한 사안이 아니다. 필요한 것은 정치적 판단이다. 정보를 통해서 얻은 내용을 가지고 어떻게 대처할 것인지를 판단하는 정치적 결단이 필요한 것이다.

물론 정치적 결단은 힘든 일이다. 정치적 결단은 공동체의 미래 방향을 좌우하기 때문에 항상 많은 부담이 따른다. 그러나 결단은 정치의 숙명이기도 하다. 특히 비중 있는 정치인과 정치 세력에게는 더욱 그렇다. 그런데 당시 더불어민주당은 사드 배치 문제에 있어 전략적 모호성을 내세우며 명확한 입장을 밝히지 않았다. 정치적 결단이 필요한 사안임에도 전략적 모호성을 이유로 결단을 회피한 것이다. 이는 정치윤리적 차원에서 볼 때 무책임한 행동이다.

전략적 모호성은 정책의 일관성 측면에서도 문제가 많다. 사드 배치 문제는 한반도를 둘러싼 주변 4대 강국과 남북한 사이의 국제정치 맥락에서 살펴봐야 한다. 미국 오바마 정권은 전략적 인내를 대북 정책의 기조로 내세우면서 북한의 핵과 미사일 개발을 사실상 방치했다. 그리고 대중 견제를 기본 기조로 하는 아시아 회귀Pivot to Asia 정책을 추진했다. 2015년 12월 한국과 일본 사이의 위안부 합의, 2016년 2월 개성공단 폐쇄, 그리고 7월의 사드 배치 결정은 모두 동일한 맥락에서 나온 것이다.

더불어민주당은 위안부 합의 및 개성공단 폐쇄에 대해 강도 높게 비판한 바 있다. 그런데 사드 배치에 대해서는 아무런 판단을 하지 않는 것이 당론이라고 말한다. 이는 전후 맥락을 고려해볼 때 일관성이 떨어진다. 사드 배치 문제에 전략적 모호성을 근거로 입장 표명을 유보했으면 개성공단 폐쇄 문제도 마찬가지로 대하는 것이 옳다. 모두 동일한 국제정치 맥락에서 나온 사안들이기 때문이다. 위안부 합의, 개성공단 폐쇄, 사드 배치 등을 보면 보수 세력은 자신들의 논리에 맞게 일관된 정책을 펼치고 있는데 더불어민주당은 그렇지 못하다는 점을 알 수 있다.

더불어민주당이 전략적 모호성을 내세운 데는 반대를 한다고 해도 이를 막지 못한다는 현실적인 고려도 있었다. 여기에는 '진보는 반대만 한다'는 프레임에서 벗어나고자 하는 의도도 있다. 그런데 이는 정치적 의사 표시가 갖는 의미를 간과하는 것이다. 정치 행위의 효과는 성과와 의미 두 가지 측면에서 살펴봐야 한다. 성과는 물질적이고 구체적이고 가시적인 반면 의미는 사람의 마음에 영향을 주는 것으로서 추상적이다. 여기서 의미는 정치의 고유한 특성이라는 점에 주목할 필요가 있는데, 그렇기에 구체적 성과를 내지 못하더라도 반대라는 의미 전달 자체가 중요한 경우도 많다.

  실제 사례를 통해 이를 살펴보자. 개성공단 폐쇄 결정 이후 더불어민주당을 비롯한 당시 야 3당은 모두 개성공단 폐쇄에 반대했다. 그러나 공단 폐쇄를 막지 못했고 2017년 현재까지 그 상태가 이어지고 있다. 그렇다면 당시 야당의 반대는 결과적으로 볼 때 성과가 없었던 것이 된다. 그렇다고 이것이 의미도 없었다고 할 수 있을까? 당시 야당의 반대는 개성공단 폐쇄 반대론의 정당성을 강화하여 반대 여론이 확산되는 데 효과가 있었다. 이는 곧바로 눈에 띄는 물리적 성과로 이어지지는 않더라도 장기적인 관점에서 보면 효과를 발휘하게 된다. 정치의 효과는 물질적 성과뿐만 아니라 의미의 전달 및 확산에도 있기 때문이다. 따라서 더불어민주당이 '반대만 하는 진보' 프레임에서 벗어나기 위해 사드 배치 문제에 전략적 모호성으로 접근한 것은 잘못된 태도라고 할 수 있다.

　이처럼 사드 배치 문제에 전략적 모호성을 내세운 더불어민주당의 태도는 여러 측면에서 문제가 있다. 이와 같은 문제점이 나타난 원인은 '안보는 보수'라는 보수 우위의 프레임, 진보 오리엔탈리즘적 인식이 널리 퍼져 있다는 데 있다. '안보는 보수' 프레임은 기본적으로 햇볕정책에 대한 부정적 평가에서 나온 것이므로 이는 민주당 세력을 중심으로 한 진보 진영의 정치적 정체성의 핵심을 부정하는 것이다. 그러므로 이에 대한 대응 기조는 '비판'이어야 한다. 물론 전략적으로 비판의 강약을 조절할 수는 있겠지만 말이다. 그런데 '안보는 보수'라는 진보 오리엔탈리즘의 영향력이 강하다 보니 의식의 식민화 현상이 발생하여 위와 같은 문제점을 제대로 인식하지 못하게 된 것이다.

　'안보는 보수' 프레임은 햇볕정책에 대한 부정에 기초한 것이다. 그러면 보수 세력이 햇볕정책을 부정하는 이유에는 현실적인 타당성이 있을까? 아니면 햇볕정책 부정론은 맹목적인 도그마에 불과한 것일까? 만일 전자라고 한다면 '안보는 보수' 프레임이 비록 보수를 높이고 진보를 폄훼한다고 해도 이를 전면적으로 거부하는 것은 무리일 수 있다. 그런데 보수 세력은 햇볕정책에 대해 잘못된 판단을 하고 있다. 아니, 잘못된 판단을 넘어서 햇볕정책을 맹목적으로 부정하는 태도를 보인다.

　보수 세력은 햇볕정책을 다음의 세 가지 이유로 비판한다. 햇볕정책이 북한 정권의 유지에 도움을 줘서 핵과 미사일 개발을 가능하게 했고, 한미 동맹을 약화시켜 한국의 안보를 불안하게 했으며, 북한에 대한 낭만적이고 민족적인 감성을 불러일으켜 한국 내부의 안보 의식을 약화시켰다는 것이다. 보수 세력은 이와 같은 인식 기반 위에서 '안보는 보수'라는 주장을 펼친다. 그러나 이 같은 보수의 주장은 근거가 없다. 무엇보다 햇볕정책은 단순한 대북유화책이 아니다. 김대중 전 대통령은 1998년 2월 대통령 취임식에서 햇볕정책 3원칙을 밝힌 바 있다.

저는 이 자리에서 북한에 대해 당면한 3원칙을 밝히고자 합니다. 첫째, 어떠한 무력 도발도 결코 용납하지 않겠습니다. 둘째, 우리는 북한을 해치거나 흡수할 생각이 없습니다. 셋째, 남북 간의 화해와 협력을 가능한 분야부터 적극적으로 추진해나갈 것입니다.[2]

김대중 전 대통령은 햇볕정책 3원칙을 밝히면서 안보를 제일 먼저 강조하였다. 이는 정치적 레토릭에 머물지 않았다. 김대중 정권은 IMF 위기라는 최악의 상황 속에서도 국방 시스템의 개혁과 전력 증가에 박차를 가했다. 그래서 안보 환경의 변화에 대응하기 위하여 21세기형 첨단 기술군을 지향하며 각종 국방 개혁을 추진하였다. 그리고 노무현 정권은 자주 국방을 내세우면서 우리 군의 안보 능력을 배가하기 위해 노력을 기울였다. 이처럼 실제

1장 진보 오리엔탈리즘, 다섯 가지 모습

정책을 보면 김대중-노무현 정권이 햇볕정책을 추진하여 안보를 약화시켰다는 보수 세력의 주장은 사실과 다르다는 점을 알 수 있다.

햇볕정책을 추진하여 북한의 핵과 미사일 개발을 방조했다는 보수 세력의 비판 역시 사실과 다르다. 1993년부터 최근까지의 상황을 보면, 북한과 대화와 협상을 했을 때 북한의 핵·미사일 개발이 유보되었다가 협상이 교착 상태에 빠지면 북한의 핵·미사일 개발 능력이 고도화되는 패턴이 주기적으로 나타났다.

일례로 2005년 9월 북핵 문제 해결을 위한 국제적 합의인 9·19 공동성명이 발표되었는데, 2006년 10월 북한이 1차 핵실험을 하여 국제 사회에 큰 충격을 준 바 있다. 9·19 공동성명 이후 미국 재무부가 방코델타아시아BDA 은행의 북한 계좌를 동결시켰고, 이로 인한 갈등으로 9·19 공동성명이 제대로 이행되지 않자 북한이 1차 핵실험을 통해 공격적으로 대응한 것이었다.

그 뒤 2007년 2·13 합의로 위기를 넘기고 2008년 6월 북한이 냉각탑을 폭파시키는 등 회담과 협상이 이어졌지만, 2008년 12월 이후 6자 회담이 열리지 않으면서 9·19 공동성명은 점차 사문화되어갔다. 그러자 북한은 2009년 5월에 2차 핵실험, 2013년 2월에 3차 핵실험, 2016년 1월에 4차 핵실험, 9월에 5차 핵실험을 한 것이다. 이명박 정권이 선핵폐기를 내세우며 대화와 협상에 미온적인 태도를 보이고 이에 미국 오바마 정권이 전략적 인내라

진보 오리엔탈리즘을 넘어서

는 명분으로 화답하면서 대북 협상의 동력은 상실되고 북한은 수 차례에 걸친 핵실험에서 알 수 있듯이 핵 개발에 몰두하게 된 것이다.

이러한 사실을 고려해보면 햇볕정책에 대한 보수의 주장이 틀렸음을 알 수 있다. 보수 세력의 주장과 정반대로 북한과 대화와 협상을 하지 않았을 때 오히려 북한의 핵과 미사일 능력이 고도화되었다. 결국 이 사안은 궁극적으로 대북 협상을 병행하겠다는 햇볕정책 지지자들과 대북 압박에 올인하겠다는 강경 뉴라이트 세력의 인식 차이에서 비롯된 것이다. 그리고 이는 한반도 문제를 바라보는 역사적·거시적 관점의 차이로 이어진다. 이렇게 볼 때 '안보는 보수' 프레임은 햇볕정책을 부정하고 폄훼하는 흐름 속에서 나온 것으로 진보 오리엔탈리즘의 일면이다.

진보 오리엔탈리즘이 현실 속에서 나타나는 다섯 가지 모습 중 '안보는 보수' 프레임을 제일 먼저 다룬 이유는 그 폐해가 너무 심각하기 때문이다. 민주당 계열 정치 세력이 이와 같은 프레임에 빠져 있는 것은 결국 자기 발등을 찍는 것과 마찬가지임을 깨달을 필요가 있다. 민주당 세력을 포함한 범진보 진영은 이 문제에 대해 깊이 생각해봐야 한다. 그리고 반드시 이를 극복하고 '안보는 보수'가 아니라 '햇볕정책이 안보'이며 '진보가 보수보다 안보를 더 중요시하고 잘한다'는 프레임을 제시할 필요가 있다.

'이념 없는 민생'이라고?

진보 오리엔탈리즘과 관련해 두 번째로 살펴볼 내용은 '이념 없는 민생'이다. 민생民生은 문자 그대로 국민들이 먹고사는 문제에 관한 것이다. 흔히들 우리네 일상생활을 '다 먹고살자고 하는 일'이라고 규정할 만큼 먹고사는 문제는 우리 삶의 중핵을 차지한다. 그래서 민생 문제는 안보 문제와 함께 정치가 해결해야 하는 두 가지 핵심 사안이다. 이처럼 중요한 의미를 갖는 민생 문제는 부의 창출과 창출된 부를 배분하는 방식에 관한 내용을 다룬다. 그 과정에서 각 경제 주체 사이의 이해관계를 비롯해 각종 입장 차이를 조율하기 위한 원칙과 방향이 필요하다. 따라서 민생 문제는 그 자체로 이념적인 사안이다.

그런데 한국 정치에서는 '이념을 초월한 민생'이라는 말이 매우 자연스럽게 사용된다. 이념과 민생이 배치되는 개념인 것처럼 사용되며, 더 나아가 그렇게 하는 것이 마치 진정으로 민생을 위하는 정치적 태도인 것처럼 받아들여진다. '이념을 초월한 민생'이라는 프레임은 보수, 진보 가릴 것 없이 매우 광범위하게 퍼져 있다.

그런데 '이념을 초월한' '이념 없는' 같은 표현에 등장하는 '이념'은 진보적 이념을 가리킨다. 실제로 이 담론이 통용되는 맥락을 살펴보면 여기서의 '이념'은 보수, 진보 가릴 것 없는 이념 일반이 아니라 진보적 이념을 지칭함을 알 수 있다. 다시 말해 진보를 폄훼하는 편향된 시각, 진보 오리엔탈리즘이 반영된 담론인 것이다.

보수 진영에서 이러한 담론이 실제로 어떻게 활용되고 있는지 확인해보자. 20대 총선을 얼마 앞둔 2016년 4월 4일 당시 새누리당 김무성 공동선대위원장은 다음과 같이 말했다.

운동권 정당, 더불어민주당의 실체에 대해서 한 말씀 드린다. 제가 왜 더불어민주당을 운동권 정당이라 하는지 말씀드리겠다. 더불어민주당은 공천자 233명 중에 73명, 31퍼센트가 운동권 출신이다. 여러분, 지난 19대 국회는 운동권 출신이 지배한 야당 때문에 민생도 경제도 발목이 잡히고 아무 일도 하지 못했다는 사실을 알고 계실

1장 진보 오리엔탈리즘, 다섯 가지 모습

것이다. 운동권 세력은 과거의 감옥에 갇혀서 오직 자신들의 이념과 신념만을 중요하게 생각하는 사람들이다. 그런 신념과 이념은 매우 시대착오적이고, 사적 이익과 권력 유혹으로 점철돼 있다. 그동안 운동권 세력은 자신들이 추구하는 이념과 권력을 위해서 민생과 경제를 철저하게 희생시켜왔다. 운동권 출신 정치인들은 박근혜 정부가 망하는 것이 자신들의 살길이라고 생각하면서 정부·여당이 추진하는 청년 일자리 창출 법안, 경제 활성화 법안, 구조 개혁 법안, 심지어는 국가의 안보를 위한 테러방지법까지 반대를 위한 반대를 일삼아왔다는 사실을 여러분들이 잘 아실 것이다. 19대 국회는 운동권 세력이 점거한 더불어민주당 때문에 국민들을 위해서 아무것도 하지 못하는 역대 최악의 국회가 되지 않았나. 국민을 위한 실질적인 성과는 전혀 생각하지 않고 반대의 목소리만 높였던 운동권 세력이 정치를 가로막고 경제도 발목을 잡았는데, 그렇지 않았더라면 대한민국 경제 그리고 국민 여러분의 삶이 지금보다 훨씬 더 나아졌을 것이라고 생각하지 않나.[3]

여기서도 확인할 수 있듯이 보수 세력은 진보 세력의 반대에 직면할 때마다 '진보 세력이 이념에 치우쳐 민생을 외면한다'는 말을 전가의 보도처럼 꺼내왔다. 그런데 이는 보수 세력만의 주장이 아니다. 범진보 세력 내부에서도 이 같은 주장이 제기되었다. 박주선 국민의당 의원은 2016년 2월 3일 다음과 같이 말했다.

진보와 보수라는 낡은 이념 정치를 청산하고 국민 실생활을 단 일보라도 전진시키는 데 진력을 다하는 민생 실용노선으로 중산층, 서민들의 유일한 희망 정당으로 뿌리내리게 하겠다.[4]

이러한 인식은 국민의당에서 소위 중도 노선을 강조하는 인물들에게서 공통적으로 나타난다. 박주선 의원의 주장과 위의 김무성 의원의 주장은 맥락이 비슷한데, 둘 다 민주당 세력의 주류인 친노 운동권 세력이 진보적 이념에 치우쳐 민생을 도외시한다는 문제의식을 담고 있다. 여기서 운동권 세력은 친노 세력과 연계된 개념으로 사용되며 맥락상 민주화 운동 세력 일반을 가리킨다.[5] 따라서 이 담론은 궁극적으로 진보 세력의 중심인 민주화 운동 세력을 겨냥한 것이라고 볼 수 있다.

현재 진보 세력의 주류는 1970~1980년대 민주화 운동을 전개했던 사회 운동 세력이다. 그런데 과거 사회 운동 과정에서 형성된 그들의 운동권 정서와 관념적 성격에 문제가 있다는 지적은 이미 2000년대 중반 열린우리당 시절 때부터 제기되었다. 2004년 총선 승리 이후 나타났던 소위 4대 개혁 입법 문제에서 보듯 이들이 도덕적이고 역사적인 이슈를 중시한 것은 사실이다. 그러나 '이념 없는 민생' 프레임이 암시하듯 민주화 운동 세력이 사회 경제 문제를 외면한 것은 아니다. 김대중-노무현 정권이 이 분야에서 큰 업적을 남겼다는 사실에 주목해야 한다.

1장 진보 오리엔탈리즘, 다섯 가지 모습

김대중 정권은 국가 부도 위기를 조기에 성공적으로 극복하여 국제 사회를 놀라게 한 바 있다. 그리고 IT와 문화를 신성장 동력의 기반으로 삼고 이에 대한 정책 지원을 강화하여 국가 경제 발전에 결정적으로 기여했다. 그뿐만 아니라 생산적 복지 정책을 도입하여 복지 국가의 초석을 세웠다. 노무현 정권은 김대중 정권의 기조를 계승·발전시켰다. 노무현 정권은 두 가지 측면에서 좀 더 과감한 조치를 시행했는데, 종부세를 도입하여 조세 정책을 통한 부의 재분배를 시도했고, 한미 FTA를 추진했다. 종부세가 보수 진영의 반발을 초래했다면 한미 FTA는 정통 진보 진영으로부터 큰 반발을 초래했다. 전직 대통령이었던 김대중은 한미 FTA에 찬성했는데 이는 시장 개방과 자유 무역을 지향하는 당시 민주당 세력의 기본 기조를 반영한 것이었다. 2016년 미국 대선에서 보호무역주의를 표방한 트럼프는 한미 FTA를 부정적으로 평가하고 있다. 이는 무엇을 의미하는가? 분명히 한국이 이익을 보는 측면이 있다는 사실이다.

그러므로 '이념 없는 민생'론에 함의된 '민주화 운동 세력이 이념에 치우쳐 민생을 외면한다'는 주장은 현실과 괴리된 주장이다. 물론 민주화 운동 세력이 민생 관련 이슈에 좀 더 무게 중심을 두었어야 한다고 지적할 수는 있다. 그러나 '이념 없는 민생'이라는 프레임에는 '보수적 관점에서의 민생은 옳고 진보적 관점에서의 민생은 틀리다' 그리고 '보수는 민생 문제 해결에 유능하고 진보는 무능하다'는 두 가지 메시지가 깔려 있는데, 이는 진보를 폄훼하고 약화시키는 진보 오리엔탈리즘의 전형적인 속성을 띤다.

'이념 없는 민생'론은 이해관계와 관련된 갈등을 의회정치, 정당정치 차원에서 수렴하여 해소하고자 하는 대의제 민주주의의 기본 원리와 거리가 먼 주장이다. 그 대신 '이념 없는 민생'론은 권위주의적인 정치사회 문화와 친화적이다. 이는 두 가지 측면에서 살펴볼 수 있는데, 하나는 권위주의의 일반적 속성과 관련돼 있고 다른 하나는 한국 현대사의 특수한 경험과 관련돼 있다.

한국전쟁과 이후의 적대적 군사 대립 속에서 권위주의 국가가 형성되었다. 권위주의 국가의 압도적 힘에 의해 수직하향 통치가 이뤄지면서 정치사회와 시민사회는 형해화形骸化되었고 개인은 원자화되었다. 그 과정에서 정당정치의 발전이 제대로 이뤄지지 못하여 정당이 시민사회에서 형성된 갈등을 수렴하여 해결하는 데 한계가 있었다. 그 결과 개인은 정치를 통해 자신의 이해관계를 실현하고자 하기보다는 다른 우회로를 찾게 되었다. 그리고 권위주의 국가는 정치를 통한 도전은 원천적으로 차단하는 대신 교육 및 고시와 같은 우회적인 방식의 탈출구를 열어두었다. 그리하여 개인은 계급정치를 통해 집단적 이해관계를 실현하기보다는 교육 및 고시를 통해 개별적 차원의 욕구를 실현하는 방향으로 나아가게 되었다.

또한 노동정치의 발전이 억제되자 계급적 이익을 쟁취하는 것

1장 진보 오리엔탈리즘, 다섯 가지 모습

이 아니라 낙수론처럼 국가나 재벌의 시혜적 자원 배분을 중시하는 경향이 형성되었다. 이는 특히 지역 개발과 연결되기 때문에 국가 재정이나 재벌의 투자가 지역별로 불균등하게 나타나는 원인이 되었다. 그래서 예산 편성·집행 권한을 갖는 권력 핵심부와의 친소 관계가 중요해지고, 이념보다 연고주의와 같은 사적 네트워크가 공적인 자원 배분을 좌우하게 되었다. 이는 한국 정당 정치에서 지역주의의 영향력이 강하게 나타나는 원인으로 작용하기도 했다.

결국 '이념 없는 민생'이라는 말은 사회경제적 이슈에 따른 갈등이 정치화되지 못하고 억눌려 있던 권위주의 시대의 산물이다. 특히 이것은 한국의 역사적 경험에 기초한 한국형 권위주의와 관련이 깊다. '이념 없는 민생'론은 이러한 현실적 조건을 사실상 수긍하고 인정한다는 것인데 여기에 정치는 존재하지 않는다. 그렇게 볼 때 '이념 없는 민생'론은 정치의 강화, 정치 활성화를 지향하는 진보의 시각과는 거리가 멀 뿐만 아니라 진보의 입장을 부정하는 의미를 내포하고 있다. 이는 보수적 프레임으로 진보를 부정적으로 타자화하기 때문에 진보 오리엔탈리즘 현상의 하나로 규정할 수 있다.

앞서 언급한 대로 현재 진보 세력의 주류에는 1970~1980년대 운동권 출신이 포진해 있다. 그래서 이들이 사회경제적 이슈에 좀 더 관심을 갖고 문제 해결 능력을 강화했어야 한다는 비판은 옳다. 하지만 그렇다고 해서 '이념 없는 민생'론처럼 진보를 타자화하면서 폄훼하는 방식은 문제가 많다.

이러한 맥락에 대한 이해도 없이 진보 진영 내에서 '이념 없는 민생'을 진보 혁신의 논리로 받아들이는 것은 문제가 많다. 진보 세력은 현재의 사회경제적 모순의 본질과 그 해결 방안을 구체화하고, 이를 정교하면서도 일관된 이념과 노선으로 정립하여 대중에게 제시해야 한다. 그러지 않고 지금처럼 진보 내부에서 '이념 없는 민생'론을 설파하는 것은 진보를 강화시키는 것이 아니라 진보를 약화시키는 진보 오리엔탈리즘의 전형적인 오류임을 인식해야 한다.

'반대만 하는 진보'라는 올가미

진보 오리엔탈리즘과 관련해 세 번째로 살펴볼 사항은 '진보는 반대만 한다'는 프레임이다. 진보 세력이 보수 세력의 입장과 다른 의견을 개진하고 자신들의 의사를 관철시키기 위해 적극적으로 반대 행동을 펼칠 때 보수 세력은 '반대만 하는 진보'라는 담론으로 이에 대응하곤 한다. 그런데 이 담론은 보수 세력이 진보 세력을 공격할 때에만 사용되는 것이 아니라 진보 세력 내부에서 진보의 혁신 논리로서 제기되기도 한다. 그만큼 진보 세력이 대안을 제시하지도 않으면서 비판만 한다는 인식은 상당히 광범위하게 퍼져 있다.

그런데 '반대만 하는 진보' 프레임은 실상을 제대로 반영하고 있을까? 물론 진보 세력의 실제 모습을 어느 정도는 반영한다고 볼 수 있다. 따라서 여기서 드러난 문제점을 진보 세력이 제대로 해결한다면 진보의 강화에 도움이 될 수 있다. 하지만 이 프레임이 전개되는 양상을 보면 전혀 그렇지 않다는 것을 알 수 있다. 이 프레임은 진보의 현실을 있는 그대로 표현하는 것이 아니라 매우 과장하고 있으며 심지어 왜곡하기까지 함으로써 진보의 강화가 아닌 진보의 약화에 매우 큰 영향을 주고 있다. 따라서 이 프레임은 전형적인 진보 오리엔탈리즘의 속성을 띤다고 볼 수 있는데, '반대만 하는 진보'론이 거론되는 세 가지 유형을 살펴보면 이를 확인할 수 있다.

첫째, '대안 없이 비난만 한다'는 사실을 지적하는 경우다. 이는 '반대만 하는 진보'란 말이 가장 많이 나오는 사례인데, 현재 진보 세력에게 이 같은 문제점이 있다는 것은 분명한 사실이다. 이것은 현재 진보 세력의 주류인 1970~1980년대 민주화 운동 세력의 역사적 경험과 관련되어 있다. 권위주의 세력에 대한 전면 저항을 내세웠던 민주화 운동 시기에는 대중에게 도덕적 열정을 고양시켜 집합적인 실천력을 창출하는 것이 필요했다. 이때 선악 이분법적인 담론은 매우 강력한 효과를 발휘했다. 당시에는 대상을 선악의 이분법적인 기준으로 재단하고 이를 강조하는 것이 상당히 합리적인 근거가 있었던 것이다.

그런데 그와 같은 운동권적 관성은 현 시점에서 다음과 같은 문제를 초래한다. 우선 운동정치에 능하다고 해서 정당정치를 잘하는 것은 아니다. 운동정치와 정당정치의 목적은 같지 않으며, 정당정치는 결과에 대한 책임을 크게 고려해야만 하기 때문이다. 운동정치는 정치의 의사를 집합적으로 표현하는 것에 주목적이 있는 반면, 정당정치는 정치적 행위의 다양한 효과, 정치적 요구를 현실화하기 위한 여러 조건 등을 고려하여 최적의 결과를 도출하는 것에 목적을 두고 있기 때문이다.

따라서 정당정치를 통해 문제를 해결해야 하는 현재 상황에서 진보 내부의 운동권적 관성이 악영향을 끼치고 있다는 지적은 옳다. 또한 지금은 과거의 이분법적 시각보다는 모순의 가변성과 다양성을 전제한 탄력적이고 유연한 시각이 필요하다. 이 점에 운동권은 제대로 대처하지 못했고, 이는 '반대만 하는 진보'란 비판을 낳았다.

그런데 이것이 과연 진보 세력에게만 해당하는 문제일까? '반대만 하는 진보' 프레임은 명백히 이 문제의 책임이 진보에 있다는 점을 강조하는데, 이는 두 가지 측면에서 현실과 매우 다르다. 먼저 '대안 없이 비난만 한다'는 점은 진보뿐 아니라 보수를 비롯해 한국 정치권 전반에 걸쳐 나타나는 문제라는 사실을 알아야 한다. 따라서 '대안 없이 비난과 반대만 난무하는 한국 정당정치'가 보다 객관적이고 정확한 표현이다. 이 문제에서 진보의 책임만을 따로 분리시켜 부각하는 것은 공정하지 못하다. 그렇기에

진보 오리엔탈리즘을 넘어서

'반대만 하는 진보'에는 보수 세력의 의도가 개입되어 있다고 판단할 수 있다.

그뿐만 아니라 정당 체제와 관련해 볼 때도 '반대만 하는 진보'란 표현은 공정하지 못하다. 여당과 야당 사이의 문제는 두 주체 사이의 관계에 의해 규정되는 경우가 많기 때문이다. 실제로 진보가 반대로 일관할 때에는 상대인 보수가 완고한 태도를 보일 때가 많다. 이는 정치적 환경 변화에 따른 보수 세력의 태도와 진보 세력의 대응을 비교해보면 명확하게 파악된다.

보수 세력은 노무현 정권 시절 그리고 2016년 20대 국회 초반 소수 여당이 된 이후 다수 야당을 상대로 매우 강력하게 반대를 한 바 있다. 당시 보수 세력의 정치적 레토릭, 행동 등은 진보 세력과 비교하기 힘들 정도로 강력했다. 그러면 진보 세력은 보수 세력의 주장을 일정 정도 받아들이면서 협상을 통해 정국의 긴장을 푸는 모습을 보이곤 했다. 그러므로 정당 체제 관점에서 볼 때 '반대만 하는 진보'란 프레임은 사실과 다르다.

'반대만 하는 진보'란 말이 나오는 두 번째 유형은 진보 세력이 비제도적 압박을 하는 경우다. 진보 세력은 제도 정치 차원에서 자신의 주장이 반영되지 않을 경우 단식 투쟁과 장외 투쟁 같은 비제도적 수단을 동원한다. 국정원 대선 개입 문제가 불거진 이후 김한길 대표의 단식, 세월호 진상 규명을 촉구한 문재인 의원의 단식이 이에 해당한다. 이에 대응하여 보수 세력은 '반대만 하는 진보'라는 프레임으로 진보 세력의 비제도적 압박을 비난한다.

물론 행정부 견제라는 국회 고유의 기능이 제대로 작동하고 있음에도 진보 세력이 비제도적 수단을 시도 때도 없이 사용한다면 '반대만 하는 진보'란 비판은 정당할 수 있다. 하지만 이명박-박근혜의 신보수주의 정권하에서 의회 및 정당의 무력화는 매우 우려할 만한 상황에 이르렀다. 2015년의 국회법 파행은 행정부 우위 현상을 단적으로 보여주었는데, 당시 새누리당 유승민 원내대표 사건에서 국회의 자율성을 인정하지 않으려는 부정적인 정치 문화가 얼마나 강고한지를 새삼 확인할 수 있었다. 이러한 이유로 야당의 주장이 법과 제도적인 차원에서 반영되는 경우는 드물었다. 특히 진보 세력이 의회에서 소수였던 시절에는 그 경향이 더욱 강했다.

진보 세력이 단식 투쟁과 장외 투쟁 같은 비제도적 수단을 통해 압박할 때는 의회에서의 정치가 제대로 작동되지 않았을 경우가 대부분이다. 이러한 상황에서 진보 세력의 행동을 '반대를 위한 반대' '맹목적인 반대'라고 치부하는 것은 옳지 않다. 특정 현상이 나타나게 된 구조적인 배경을 분석해보지도 않고 겉으로 드러난 현상만을 편협한 시각으로 판단하며 '반대만 하는 진보'란 프레임으로 진보 세력을 공격하는 것은 문제가 있다.

문제는 이 같은 프레임이 진보 내부에도 상당한 영향을 끼쳐서 보수 세력의 정치 공세에 제대로 대처하지 못하는 부정적 결과를 초래한다는 점이다. 사안에 따라 진보 세력은 결연한 의지와 단결된 힘으로 보수 세력에 대항해야 할 때가 있다. 그런데 진보 스스로 '반대만 하는 진보'란 프레임에 빠져 있다 보니 보수 세력이 강수를 둘 때마다 번번이 먼저 양보하는 모습을 보이곤 했다.

2014년의 세월호 특별법과 담뱃세 인상 문제 등이 대표적인 예다. 이 두 사안은 대중적 관심과 호소력을 갖춘 이슈였기 때문에 당시 진보 야권 세력이 쉽게 타협해줄 이유가 없었다. 그럼에도 보수 세력이 민생을 강조하며 '반대만 하는 진보(야당)' 프레임으로 진보 세력을 강하게 압박하자 진보 세력은 먼저 손을 들고 양보했다. 정치적 성과는 타협의 산물인데, 보수는 자신의 근본적 입장을 제대로 양보하지 않은 채 타협의 성과를 쟁취했던 것이다. 그때마다 진보 지지층의 실망과 분노는 축적되었다. 하지만 이 경우를 보면 실질적으로 '반대만 하는' 주체는 진보가 아니라 보수였다. 따라서 '반대만 하는 진보'라는 지적은 현실에 부합하지 않는다.

끝으로 '반대만 하는 진보'란 표현이 나오는 세 번째 유형은 '사후 견제 무용론'과 관련되어 있다. 이는 특정 현상이 발생한 뒤 그에 대해 비판하는 것은 무의미하다고 생각하는 결과 중심적 태도다. 결과 중심적 태도는 동기, 과정, 맥락 등을 간과하고 행위의 효과와 그에 따른 결과만을 중시하는 것이다. 대개 기업 조직에서는 결과 중심적인 사고가 강조되는데, 기업은 상품을 생산·판매하여 이윤을 내는 것이 목표이기에 물질화된 대상과 구체적인 수치를 통해서 그 성과를 평가할 수 있기 때문이다.

하지만 정당은 기업과 다르다. 물론 정당도 법안 및 예산 문제 등에서 객관적 지표를 가지고 성과를 평가할 수 있다. 그러나 정치에서는 물질적 요인 외에도 의사소통 합리성, 사람의 마음과 이성 그리고 사람 사이의 이해관계를 조절하는 무형의 역할이 중요하다. 그렇기에 당장 눈에 보이는 성과를 창출해내지 못하더라도 의미를 전달하고 소통하는 것도 정당의 중요한 역할이다.

그런데 결과 중심적 시각에서 진보 세력이 특정 사안에 반대하는 것을 '무의미한 반대'라고 격하하는 경우가 있다. 반대한다고 해서 달라질 것이 없는데 왜 반대하냐는 것이 그들의 논리다. 예컨대 더불어민주당에서 사드 배치에 대하여 전략적 모호성을 강조한 측에서는 위와 같은 논리로 사드 반대론을 비판했다. 하지만 이 논리대로라면 행정 독주 현상에 대한 사후적 비판은 아무런 소용이 없게 된다. 정치에서 의미의 전달, 소통, 공유는 중요하다. 이를 제대로 인식하지 못하고 사후 견제 무용론의 시각을 강조하는 것은 매우 큰 문제다.

'반대만 하는 진보' 프레임은 진보에 대한 무지와 편견이 혼합된 주장으로, 보수가 진보를 옥죄기 위해 던진 올가미다. 그렇기에 진보 세력이 이를 내부 혁신을 위한 전략과 논리로 받아들이면 진보의 역량은 오히려 약화되고 만다. 이 프레임은 진보 세력

진보 오리엔탈리즘을 넘어서

의 투쟁력을 약화시켜 진보 세력을 호랑이가 아닌 고양이로 만들어버렸다. 신보수주의 세력인 이명박-박근혜 집권기에 진보 야권의 대응이 약했다고 비판하는 사람들이 많은데, 그 원인이 바로 여기에 있다. 이처럼 '반대만 하는 진보' 프레임은 진보를 약화시키는 진보 오리엔탈리즘의 일면이다.

원칙 없는 역사 화해

진보 세력이 과거 사회 운동 시절에 형성된 열정과 이분법적 시각으로 과거사 문제에 지나치게 경직된 태도를 보인다는 지적은 오래전부터 제기되어왔다. 그래서 역사 해석의 시각을 넓혀 통합적 관점에서 접근하는 것이 필요하다는 지적은 보수 진영과 진보 진영 모두에서 나왔다.

역사 해석에 있어서 진보 진영이 상당히 협애화된 관점을 갖고 있는 것은 사실이다. 단적으로 민주당 계열 정당은 오랜 기간 서울 국립현충원에서 전직 대통령 묘소를 참배할 때 김대중 전 대통령 묘소만 참배해왔다. 보수 진영 정치 지도자들이 이승만, 박정희 전 대통령 묘소뿐만 아니라 김대중 전 대통령 묘소도 참배

진보 오리엔탈리즘을 넘어서

해왔던 것을 고려해본다면 당시 진보 진영의 태도는 편협하게 보였을 수 있다. 2015년 11월 김영삼 전 대통령이 서거한 이후 진영에 따라서 전직 대통령 묘소 참배를 구분하지 않게 되었지만 이렇게 하기까지 많은 시간이 걸렸다. 그만큼 진보 세력은 역사 문제에 매우 엄격한 자세를 취하는 경향이 있다. 따라서 연대와 통합을 위해 과거사 문제에 탄력적으로 대응해야 한다는 지적에는 이해 가는 측면이 있다.

그런데 진보 진영에서 통합과 화해라는 명분하에 보수적으로 편향된 주장을 수용하려는 움직임이 지속적으로 나타나고 있다. 이는 보수적 시각을 강조하면서 진보를 폄훼하는 것이기 때문에 통합적 관점에서 수용하기 어려운 것들이다. 상대의 편향된 주장을 받아들이면서까지 통합과 화해를 해야 한다는 주장은 일방적이고 독선적이며 맹목적인 태도이다. 그럼에도 진보 세력 내부에서 이와 같은 주장과 행동이 나오고 있는데, 이는 보수 프레임에 의한 의식의 식민화 현상을 보여준다. 과거사 문제에 대한 접근에 있어서도 진보 오리엔탈리즘적 인식이 퍼져 있는 것이다.

단적인 예가 2016년 1월 14일 한상진 당시 국민의당 공동 창당 준비위원장이 한 이승만 국부 발언이다. 한상진 위원장은 4·19 민주묘지를 참배한 뒤 이승만 전 대통령을 국부라고 평가했다. 또한 그는 이승만 전 대통령이 자유민주주의를 신봉했으며 그로부터 형성된 잠재력이 4·19로 이어졌다는 취지의 발언을 했다.

1장 진보 오리엔탈리즘, 다섯 가지 모습

당시 이 주장은 상당한 파장을 몰고 왔으며 진보 진영 내에서 매우 큰 비판에 직면하였다. 결국 1월 19일 한상진 위원장이 4·19 희생자 유가족 및 단체에 사과함으로써 이 파동은 일단락되었다. 이 사건은 원칙 없는 역사적 화해와 통합을 지향하는 진보 오리엔탈리즘의 문제점이 고스란히 나타난 대표적 사례다.

당시 한상진 위원장의 논리는 무엇이 문제였을까? 역사를 사실 그대로 서술하지 않고 미화할 때 다음 두 가지 특성이 나타난다. 첫째, 두 가지 사실이 인과관계에 있지 않음에도 마치 인과관계에 있는 것처럼 교묘하게 논리를 구성한다. 둘째, 노골적으로 불리한 것을 언급하지 않거나 심지어 무조건 아니라고 억지 주장을 펼친다. 과거사 문제를 제대로 해결하지 못한 일본은 이 두 가지 문제점이 모두 나타난다. 그러나 대한민국은 정치사회 민주화로 과거사 문제 해결에 어느 정도 성과를 거뒀기에 두 번째 경우는 거의 나타나지 않고 주로 첫 번째 유형의 문제점이 나타난다.

첫 번째 유형은 굉장히 교묘한 방식이어서 얼핏 보면 그렇게 보이기도 한다. 하지만 이 논리는 무리한 결과 중심적 시각으로, 환원론의 오류를 드러낸다. 환원론적으로 해석하면 역사적 공과를 구분해 평가하는 것이 어려워진다. 한상진 위원장은 이승만과 4·19의 관련성에 대해 더 이상 자세한 언급을 하지 않아서 그가 그렇게 생각한 근거를 정확하게 파악할 수는 없다. 다만 그가 그같이 판단한 이유를 추정할 수는 있다.

먼저 한상진 위원장은 이승만 정권 시절에 근대적 교육 시스템이 갖춰지면서 교육의 대중화가 이뤄졌기 때문에 학생들을 중심으로 자유민주주의 가치에 대한 이해와 인식이 높아졌다는 점에 주목한 듯하다. 체제 경쟁 시기에 이승만 정권은 북한에 대항하기 위하여 반공과 더불어 자유민주주의의 우월성을 강조하였다. 그 결과 자유민주주의를 중시하는 학생을 중심으로 한 지식인층이 이승만 정권의 반자유민주주의적 행태에 분노하여 4·19를 일으켰다는 것이다. 그러한 학생들이 4·19를 주도했기 때문에 한상진 위원장은 이승만과 4·19를 대립적으로 이해하는 것은 옳지 못하다고 인식하는 듯 보인다. 이는 4·19를 이승만 정권이 의도하지 않은 효과와 관련해 설명하는 것이다.

한국전쟁 이후 강력한 냉전 반공 체제가 구축되었기 때문에 전쟁이 끝난 지 얼마 되지 않은 1960년에 4·19와 같은 대규모 민중봉기가 발생했다는 것은 상당히 놀라운 일이었다. 위의 설명은 이 현상의 원인을 설명하기 위한 목적에서 나온 하나의 이론으로, 4·19의 발생 원인에 관해 매우 설득력 있는 근거를 제시한다. 그런데 이 이론은 이승만의 공을 치켜세우기 위한 것이 아니다. 이승만 시대의 사회적 변화가 관련되어 있다는 것이지 이승만의 긍정적 의도를 부각시키기 위한 논리가 아니다. 물론 한상진 위원장이 여기서 언급한 내용과 다른 근거를 제시할 수도 있다. 그러나 어떠한 경우가 되었든 4·19가 이승만이 뿌리 내린 자유민주주의와 관련되어 있다는 식의 주장은 설득력이 없다.

그런 식으로 접근하면 역사적 인물과 세력에 대한 객관적 평가가 불가능하다. 4·19를 이승만과 연계해 파악한 한상진 위원장의 인식은 권위주의 정권이 주도한 산업화 덕에 민주화가 가능했다고 주장하는 뉴라이트의 역사 인식과 동일한 문제점을 갖고 있다. 둘 다 환원론적 역사 해석의 오류를 범하고 있는데, 역사를 결과 중심적으로 해석하면 그 과정에 있었던 모든 일이 해당 결과를 낳는 데 영향을 주었다고 규정하게 되므로 역사 변동에 대한 객관적 이해를 어렵게 만든다.

물론 통합과 중용은 중요하며 진보 세력이 반드시 지향해야만 하는 가치다. 그런데 그것은 복잡한 역사적 사안을 한 가지 측면에서만 보면 안 된다는 차원에서 유효한 가치다. 그런 면에서 기존 진보 세력이 보수의 역사적 기여를 인정하지 않거나 부정적으로 보았던 점은 분명 잘못된 것이다. 그러나 평가는 신중하게 해야 한다. 그러지 못하고 균형을 잃으면 역편향의 오류를 범할 수 있다. 그렇게 되면 진보의 정체성 중에서 긍정적인 면을 부정적으로 타자화하게 된다. 이는 진보 오리엔탈리즘의 전형적인 모습이다. 이러한 상황에서 '통합' '중용' '중도화'는 결코 현실화될 수 없다.

이 같은 문제점은 2016년 8월 27일에 더불어민주당 대표로 선출된 추미애 의원에게서도 나타난다. 추미애 의원은 대표가 된 뒤 전두환 전 대통령 방문을 추진했다. 그런데 이 소식이 알려진 직후 지지층의 반발이 격화되자 추미애 대표는 "전두환이 자신의 잘못을 깨우치게 하고 싶었다"라는 궁색한 변명을 내세우며 결국 방문 계획을 철회했다. 추미애 대표가 역사 화해라는 명목으로 전두환 방문을 추진했다는 것은 삼척동자도 아는 사실이었다. 그런데 이것이 과연 의미가 있는 일이었나? 전혀 그렇지 않다.

무엇보다 역사적 평가와 단죄가 다 끝난 전두환에 대한 공론화 자체가 무의미했다. 그러므로 그를 일부러 끌어들여서 악마화할 이유는 없지만, 국민 통합의 대상인 양 그의 몸값을 올려줄 이유는 더더욱 없었다. 전자는 무의미할 뿐이지만, 후자는 무의미한 것을 넘어서 매우 잘못된 행동이다. 대표 취임 인사차 보수 진영 정계 원로를 방문하겠다는 취지였다면 추미애 대표는 김종필 전 국무총리만 찾아갔으면 되는 일이었다. 그랬더라면 아무 이견도 나오지 않았을 것이다. 그런데 전두환을 예방한다고 하니 그와 같은 문제가 발생한 것이다.

한상진 위원장과 추미애 대표 모두 과거사 문제를 접근하는 방식에서 전형적인 진보 오리엔탈리즘적 시각을 보여주고 있다. 이는 일방적이고 무원칙한 역사 화해론이기 때문에 진보에 도움이 되지 않을 뿐만 아니라 국민 통합에도 아무런 기여를 하지 못한다. 두 사람의 경력과 위상을 볼 때 그러한 시각이 단지 그 둘뿐 아니라 진보 세력 내에 상당히 넓게 퍼져 있을 것이라고 추정할 수 있다. 이는 진보 진영 내에 과거사 문제에 대한 올바른 인식과 전략이 부재한다는 증거일지 모른다.

과거사 문제에 대한 대처는 중요하다. 권위주의 정권 시절에 발생한 반민주·반인권적 사안을 해결하는 것은 시급하면서도 중요한 현안이다. 권위주의 정권은 저항 세력을 힘으로 억누르려 하기 때문에 그 과정에서 여러 문제점이 발생한다. 특히 한국처럼 권위주의 통치 기간이 길었던 국가에서는 과거사 문제가 과거가 아닌 현재와 미래의 문제로 비화되는 경우가 많다. 따라서 과거사 문제의 올바른 해결은 민주화 이행 이후 민주주의 공고화 단계에도 큰 영향을 주는 매우 중요한 사안이다. 그런데 과거사 문제 대처 방식에 진보 오리엔탈리즘적 인식이 영향을 주었다면 이는 상당히 큰 문제다.

진보 세력은 과거사 문제에 대한 원칙을 세우고 일관성 있게 접근해야 한다. 이를 위해서 과거사 문제에 대한 김대중 전 대통령의 해법을 다시 생각해볼 필요가 있다. 민주화 이행 이후 과거사 문제 해법에는 청산론과 화해론이 있었다. 청산론은 민주화 운동 세력 내에서 사회 운동 진영이 강조했던 방안인데, 제도권 야당 세력이었던 김영삼도 화해론보다는 청산론에 좀 더 가까운 입장이었다. 그리고 후자인 화해론을 대표하는 인물은 김대중이었다.

김대중의 방식은 민주화 세력이 ① 역사적 진실을 밝히고 ② 피해자에 대한 배상/보상을 하여 상처를 치유할 수 있도록 하고 ③ 민주화 세력의 도덕적 권위로 가해자를 용서하는 것이다. 김대중은 한국의 경우 오랜 기간 이념적 갈등에 따른 대립이 매우 심각해 일도양단一刀兩斷 식으로 문제를 해결하기는 어렵다고 보았기에 이 와 같은 전략을 내세웠다. 그래서 권위주의 세력을 지지하는 일 반 국민들에게 도덕적 호소력을 발휘하여 국민 통합을 이룸과 동 시에 민주화 세력의 힘을 키우고자 한 것이다. 이는 민주화 운동 세력의 가치와 역사성을 높이 두고 민주화 운동 세력의 정치적·도덕적 지도력으로 과거사 문제를 통합의 관점에서 풀겠다는 것 이다.

이와 비교해볼 때 한상진, 추미애의 태도에서 보듯 진보 세력 내부에서 나오는 원칙 없는 역사 화해론은 통합도 아니고 진보 강화를 위한 논리도 아니다. 이는 진보 세력의 기본 가치와 입장 을 흔들면서 상대측에 투항하는 듯한 인상을 주게 된다. 이렇게 되면 외부 세력과의 통합은커녕 내부의 분란만 초래하여 오히려 상황을 악화시킨다. 그러므로 과거사 문제에 대한 일방적이고 원 칙 없는 화해론은 결코 진보를 위한 것이 아니다. 그럼에도 역사 통합, 국민 통합도 아니고 진보 강화를 위한 것도 아닌 원칙 없는 역사 화해론이 진보 내부에서 자연스럽게 나온다는 것은 그만큼 진보 오리엔탈리즘이 상당히 넓게 퍼져 있음을 보여주는 것이다.

무엇을 위한 '탈호남'인가?

1987년 민주화 이후 호남은 대중적 차원에서 진보 세력의 핵심 지지 기반이었다. 이렇게 평가할 수 있는 근거는 두 가지다. 첫째, 진보 지지층에 호남 출신이 많다는 점이다. 여기에는 호남 지역에 거주하는 사람들, 출향 호남민, 그리고 출향 호남민들의 자식까지 포함되므로 양적으로 보면 야권 지지층 내에서 매우 큰 비중을 차지한다. 둘째, 국회의원 및 지방자치제 선거에서 소선거구 단순다수제를 채택하고 있다는 점이다. 이는 특정 지역구에서 한 표라도 더 얻은 후보가 당선되는 방식이므로 호남 지역은 물론이거니와 서울을 비롯한 수도권 지역에서 출향 호남민 및 그 자식들의 영향력이 크다. 이러한 두 가지 이유로 진보 진영, 특히 민주당 세력 내에서 호남의 영향력은 매우 크다.

이 같은 진보 세력의 호남 중심성에는 장점과 약점이 모두 있다. 장점은 강력한 구심점이 존재하기 때문에 호남에서의 지지를 통해 강력한 리더십을 창출할 수 있다는 점이다. 김대중이 대표적인 경우였고, 노무현이 예상과 다르게 민주당 후보가 될 수 있었던 요인에도 광주 지역 경선에서의 승리가 있었다. 호남은 진보 세력의 대중적 지지 기반이자 정치적 리더십의 원천이었다.

하지만 약점도 있다. 진보 세력의 호남 중심성은 권위주의 세력의 반호남 지역주의에 대한 반작용의 성격이 강하다. 권위주의 세력은 민주화 운동의 대중적 확산을 막기 위해 호남에 대한 차별 의식을 부추기는 반호남 지역주의 전략을 동원했다. 이 영향으로 호남 이외 지역에서 호남에 대한 비토 정서가 형성되었고, 이는 진보 세력의 외연 확장에 부정적 영향을 주었다.

이와 같은 배경에서 '탈호남'이 제기되었는데, 탈호남은 다음 두 가지를 목적으로 한다. 첫 번째 목적은 집권을 위해서 지역적으로 호남에 편중된 지지 기반을 확장하는 것이다. 이것이 가장 결정적인 이유인데, 1997년 대선을 앞두고 이뤄진 DJP연합이 대표적인 사례이며 김대중 정권이 들어선 이후 나타난 소위 동진정책도 이에 해당한다. 또한 반DJ 정서가 강했던 영남 지역에서 반호남 지역주의를 돌파하려 했던 노무현과 김정길의 도전도 이에 해당한다. 이와 같은 상층 단위에서의 노력에 호응하여 2002년 민주당 대선 후보 광주 지역 경선에서 호남민들은 호남 출신 한 화갑, 정동영 대신 노무현을 선택하면서 호남 고립 현상에서 벗어나고자 하는 대중적 의지를 보여준 바 있다. 두 번째 목적은 지역 정치 구도 속에서 나타난 정당 체제 및 정당 구조의 낙후성에 대한 문제 제기이다. 정당 민주화와 지역 구도 타파를 강조한 노무현 정권에서 이와 같은 논의가 활발하게 전개된 바 있다.

그런데 탈호남은 실제 정치 과정 속에서 여러 문제점을 초래했다. 정치적 논쟁과 대립이 격화되면서 이 전략의 애초 의도와 다르게 탈호남 자체가 목적이 되는 상황이 발생하며 본말이 전도된 것이다. 이는 노무현 정권 시절 열린우리당 창당에서 나타난 탈호남 정치 전략과 관련되어 있다. 민주당 역사에서 탈호남 정치 전략은 두 가지 형태로 나타났다. 첫 번째는 지역적으로 호남 이외 지역, 이념적으로는 중도와 보수 세력 등의 외부 세력을 끌어들여 호남 중심성을 희석시키는 방식이다. 두 번째는 호남을 인위적으로 분리시켜서 정치적 중심축 자체를 새롭게 구성하는 방식이다. 첫 번째 방식은 김대중의 전략이고 두 번째 방식은 열린우리당의 전략이다. 그런데 문제는 이 두 번째 방식이다.

두 번째 방식은 근본적으로 진보의 강화를 위한 탈호남이 아니라 진보의 약화를 초래하는 탈호남이라는 점에서 문제가 있다. 이는 호남 문제를 잘못 이해한 데 기인한다. 정권 교체와 민주당 정권 10년의 역사를 만들어내는 데 호남이 결정적인 역할을 했지만 호남은 역차별 이야기가 나올 정도로 물질적 차원에서 혜택을 받은 바 없다. 정치 세력은 지지층의 이익에 충실하는 것이 기본이라고 할 수 있는데, 보수 세력과 달리 진보 세력은 집권 기간 동안 이 점에서 성공하지 못했다. 물론 김대중-노무현 정권은 인사 및 예산에 있어 균형을 맞추기 위해 분명히 노력을 많이 했고 큰 역할을 했다. 그러나 더 이상의 악화를 막는 효과는 있었지만 과거부터 이어진 구조화된 불평등을 해소하기에는 역부족이었다.

그래서 김대중-노무현 정권 10년 동안 대중적 차원에서는 불만이 조금씩 누적되었다. 그런데 이를 제대로 파악하지 못한 채 상층 단위 정치적 논리와 관점에서 진행된 열린우리당의 탈호남 전략은 여러 부정적 결과를 초래했다. 반호남 지역주의의 원인에 대해 진보 세력 내부의 문제점을 강조하는 내인론을 수용한 탓이다. 이는 문제의 초점을 내부에 맞추고 호남 중심성을 타자화하는 태도로 이어졌다. 그 결과 진보 세력 내에서 호남 문제를 두고 불필요한 논쟁과 갈등을 유발하여 호남을 분열시키는 역효과를 낳았다.

이와 같은 상황은 결과적으로 호남의 지지 기반을 이완시켜 호남 중심성이 약화되는 현상을 초래했다. 그런데 문제는 이를 대체하는 새로운 구심점이 형성되지 않았다는 데 있다. 전반적인 지지세는 확산되었지만 그 안에서 중심이 형성되지 않다 보니 만성적 리더십 빈곤의 원인이 된 것이다.

2012년 대선 패배 이후 호남 지역에서 나온 호남 소외론 및 반노무현, 반문재인 전략도 비슷한 맥락에서 문제가 있다. 이들은 호남 소외를 극복하고 호남의 이익을 강조하기 위해 민주당 세력 내에 새로운 리더십이 필요하다고 주장하는데, 반노와 반문 정서를 자극하는 방식으로는 강력한 리더십의 기반을 창출해낼 수 없다. 앞의 경우와 형태는 다르지만 동일한 성격의 문제점을 갖고 있는 것이다.

이처럼 진보 내부를 부정적으로 타자화한 후 여기서 형성된 편견을 진보 혁신의 논리로 활용하면 결국 내부 분란만 증폭시켜 진보 세력에 매우 부정적인 결과를 초래하게 된다. 그럼에도 이와 같은 자해적 흠집 내기와 갈등이 진보에게 필요하다고 인식하는 흐름이 존재한다. 이는 의식의 식민화 현상으로서 진보 오리엔탈리즘의 문제점을 고스란히 드러낸다.

위에서 살펴본 것처럼 2003년부터 지금까지 이어져온 민주당 계열 정당의 분열에는 '호남' 문제를 둘러싼 내부 인식의 차이가 큰 원인으로 작용했다. 그만큼 진보 오리엔탈리즘 현상의 하나인 '탈호남'은 진보를 약화시키는 부정적 결과를 초래했다고 할 수 있다.

2장

반노무현주의는
무엇인가

2장에서는 진보 오리엔탈리즘이 정치적 상징과 기호로서 작동하는 방식을 살펴본다. 1장에서 다룬 진보 오리엔탈리즘의 다섯 가지 유형이 정치적 상징과 기호로 의미화되는 방식을 분석하려는 것이다. 진보 오리엔탈리즘의 정치적 상징은 노무현을 활용한 '반노무현(반노)', 호남을 활용한 '탈호남' 두 가지 형태로 나타난다. 정치적 상징으로서의 반노는 민주화운동 세력에 대한 부정적 인식과 관련되어 있으며, 탈호남은 민주화 운동 세력의 대중적 지지 기반인 호남에 대한 편견과 관련되어 있다. 정치적 상징인 '반노'는 신보수주의 세력의 정치적 지배 전략과 연관이 있는데, 이 시기에 나타난 이데올로기가 '반노무현주의'다. 이번 장에서는 이와 같은 내용을 분석한다.

정치적 상징으로서의 '반노무현'은 무엇인가?

정치적 상징으로서 '반노무현'의 의미는?

—

1장에서 살펴보았듯이 진보 오리엔탈리즘은 보수에 의한 진보 내부의 의식의 식민화 상태를 의미한다. 진보 오리엔탈리즘이 형성되면 진보는 자신에게 불리한 보수 프레임의 문제점을 제대로 인식하지 못하고 오히려 자신에게 도움이 되는 것으로 오인하게 된다. 이처럼 진보 오리엔탈리즘의 위력은 매우 크다.

그렇다면 실제 정치적 동원 과정에서 진보 오리엔탈리즘은 어떤 식으로 활용되고 있을까? 진보 오리엔탈리즘이 동원되는 방식은 크게 두 가지다. 첫 번째는 1장에서 언급한 다섯 가지 내용이 정치 담론 공간에서 개별적으로 제시되는 경우다. 이때 해당 담론의 발화 주체는 보수 세력일 수도 있고 진보 세력일 수도 있다. 두 번째는 정치적 상징으로 제시되는 경우다. 위에서 거론된 내용이 개별적으로 제시되는 것이 아니라 압축적인 형태의 정치적 상징으로 담론 공간에서 통용되는 경우다.

두 번째 방식을 좀 더 살펴보자. 한국 신보수주의 세력은 진보 오리엔탈리즘을 확산시키는 과정에서 '반노무현'이라는 정치적 상징을 활용하였다. '반노'는 매우 빈번하게 사용되는 정치적 상징 중의 하나이며 앞으로도 상당 기간 이 같은 상황이 유지될 것으로 보인다. '반노'를 글자 그대로 풀어보면 노무현 전 대통령이나 노무현 전 대통령을 지지하는 친노 세력을 반대한다는 뜻이다. 그런데 실제 정치 담론 공간에서 '반노'는 여기에 한정되지 않고 훨씬 광범위하면서도 다양한 맥락에서 활용된다. 따라서 '반노' 및 이와 관련된 '노무현' '친노' 등은 이데올로기를 담지한 상징이자 기호로서 기능한다고 볼 수 있다.

그렇다면 '반노'를 이데올로기와 상징으로 규정할 수 있다는 주장은 무엇을 뜻하는 것인가? 또 이와 같이 주장하는 근거는 무엇인가? 이에 답하기 위해서는 우선 이데올로기와 상징이 무엇을 지칭하고 의미하는지 살펴볼 필요가 있다. 그런 다음 '반노'가 정치적 상징으로서 무엇을 의미하고 담론 공간에서 어떻게 활용되는지 살펴보고자 한다.

테리 이글턴Terry Eagleton은 이데올로기를 '특정한 사회집단, 혹은 계급에 특징적인 일련의 생각' '지배적 정치권력을 정당화하는 것을 돕는 사고' '담론과 권력의 결합' '의식적 사회 행위자들이 그들의 세계를 이해하는 방식' '행동-지향적 신념 체계' 등으로 정의한 바 있다.[6] 이와 같은 이데올로기는 담론과 같은 형태를 통해서 의미 전달이 이뤄지게 되는데,[7] 담론은 언어와 비언어적 대상인 상징을 통해서 구체화된다.[8] 언어는 이데올로기가 작용하는 가장 보편적인 대상이지만, 상징도 언어만큼 중요한 역할을 한다. 상징은 특정 언어, 장소, 사물 등에 의미를 부여하는 과정에서 형성되며 사회적 의사소통 과정에서 집단적인 의미를 갖게 된다.[9] 또한 상징은 공유된 정보와 가치를 범주화할 수 있는 준거점을 제공한다.[10] 따라서 상징의 실질적인 의미를 제대로 파악하기 위해서는 먼저 해당 상징이 가리키는 대상과 그 범위를 알아야 한다. 그런 다음 그 상징이 의미화되는 정치·사회적 맥락을 살펴보아야 한다.

이 같은 이해를 바탕으로 '반노'라는 정치적 상징이 의미하는 바와 담론 공간에서 활용되는 방식을 살펴보자. 먼저 정치적 상징으로서의 '노무현'과 '친노'는 무엇을 의미하는가? 우선 '친노'는 상당히 자의적으로 사용되고 있다는 점이 가장 큰 특징이다. 그렇다 보니 언론에서도 '친노는 누구인가, 어디까지가 친노인가'라는 주제의 기획 기사가 많이 나왔다. 특히 2015년 12월 새정치민주연합이 분당되기 전 극심한 당 내분 과정에서 관련 기사가 집중된 바 있다. 이처럼 친노 담론은 매우 폭넓게 사용되고 있지만 그에 대한 명확한 개념 규정은 없는 실정이다.

강준만 교수는 《정치를 종교로 만든 사람들》에서 친노를 다음과 같이 다섯 가지 유형으로 분류했다. "첫째, 노무현도 갖고 있던 '영남 민주화 세력의 한'을 공유하는 친노다. … 둘째, 노무현을 좋아하는 친노다. … 이들은 선량하고 양심적이며 헌신적인데, 선악 이분법이 강한 편이다. … 셋째, 운동권 친노다. 주로 운동권 출신을 말하지만, 운동권 경험이 없더라도 운동을 하지 못한 자신의 과거에 대한 죄책감이나 콤플렉스로 인해 운동권 체질과 정서를 그대로 갖고 있는 사람들이다. … 넷째, 기회주의 친노다. … 다섯째, 기득권 친노다." 강준만 교수가 상세하게 분류한 것에서 알 수 있듯이 실제로 '친노'는 상당히 다양한 의미를 내포하고 있다. 여기서는 강준만 교수와 다른 각도에서 친노를 구분하여 '협의의 친노'와 '광의의 친노'로 나누어 살펴보고자 한다.

협의의 친노에는 노무현 대통령의 비서 그리고 야당 시절 몇 가지 중요한 정치적 선택을 함께한 정치적 동지들이 우선 포함된다. 나아가 참여정부 시절 청와대에서 노무현 대통령을 보좌했거나 고위 공직자로서 함께했던 인사들도 해당된다. 즉, 협의의 친노 세력은 노무현 대통령과 인간적, 정치적으로 동고동락했던 인물들을 가리킨다. 이에 반해 광의의 친노는 1970~1980년대 사회 운동권 세력 일반을 지칭한다. 이는 주로 보수 세력이 민주화 운동 세력 일반을 비판하기 위한 목적에서 호명하는 방식이다. 친박, 친이와 달리 친노는 지칭하는 범위가 매우 확장되어 있다. 그래서 엄격한 의미의 친노, 즉 협의의 친노는 아니어도 그들과 학생 운동 등으로 인연이 있는 86 운동권 출신 정치인과 더 넓게는 재야 운동권 정치인까지 친노로 분류된다.

그런데 면밀하게 따지면 친노와 운동권(재야 정치인＋86 정치인)은 일정 정도 구분이 가능한 개념이다. 친노 세력 대다수도 운동권 출신이지만 친노는 지연과 학연으로 볼 때 비주류로 분류되고 운동권은 주류로 분류된다. 친노를 대표하는 노무현과 운동권을 대표하는 김근태 사이에 있었던 상당하면서도 미묘한 차이와 갈등을 보면 이를 알 수 있다. 이 같은 구분은 엘리트 그룹에서만 나타나는 것이 아니라 해당 세력을 지지하는 일반인에게서도 나타난다.

그렇지만 그와 같은 차이를 아는 사람은 매우 적어서 진보 세력 내부의 소위 '선수'들과 열성 지지층만 안다. 관심도와 열정이 그보다 못한 보통의 진보 세력 지지층과 국민 일반은 이와 같은 미묘한 차이를 알기 힘들다. 그래서 친노와 운동권은 하나의 범주로 묶이게 되어 일반적으로 '친노'는 '친노＋운동권' 전체를 아우르는 개념으로 확장된 상태다.

이처럼 친노는 포괄하는 대상이 확장되는 경향이 있는데, 친박과 비교해보면 그 차이가 두드러진다. 박근혜 대통령의 성인 '박'을 두고 친박, 비박, 탈박, 진박, 복박, 종박 등 여러 형태로 언급되는데, 여기서는 궁극적으로 박근혜 대통령과의 친근 관계를 좁히는 형태로 담론화가 이뤄졌다. 그래서 결국 친박 중에서도 진실한 친박이란 의미에서 '진박'이 가장 핵심으로 분류된 것이다. 이렇게 '~박'은 대상을 축소시키는 방향으로 담론화가 이뤄진 반면 친노는 대상을 넓히는 방식으로 담론화가 이뤄졌다. 이 같은 차이는 두 대상을 두고 이뤄진 담론화의 의도가 처음부터 달랐기 때문이다.

결국 광의의 친노는 민주화 운동 세력 전체를 가리키는 개념이 되었다. 그래서 '반노'는 현재 진보 세력의 주류인 민주화 운동 세력을 부정하는 의미를 내포하게 된 것이다. 특히 '반노'는 1장에서 언급한 진보 오리엔탈리즘의 주요 내용을 종합적으로 함축하는 역사적·정치적 상징이 되었다는 점에서 중요하다. 진보 오리엔탈리즘이 반영된 사항들이 개별적으로 통용되기도 하지만 '반노'처럼 정치적 상징을 통해 통용되기도 한다. 상징은 뚜렷한 경계선을 제시하기보다 항상 해석에 여운을 남겨두기 때문에 사람들의 뇌리 속에 더욱 오래 남는다. '반노'는 진보 오리엔탈리즘을 압축적이면서도 종합적으로 반영하는 정치적 상징으로 유포되고 있기 때문에 민주화 운동 세력에 대한 부정적 인식 형성에 매우 큰 영향을 준다.

그런데 여기서 한 가지 주의해서 살펴봐야 할 사안이 있다. 정치적 상징으로서 '친노'는 '친노종북'과 거의 동일하게 통용되고 있다는 점이다. 특히 보수 세력은 '친노'를 상대로 정치 공세를 할 때 흔히 '종북'이라는 말을 붙이곤 한다. 그래서 '친노종북'은 마치 하나의 고유명사처럼 통용된다. 이는 진보 세력 내부에서 이뤄지는 친노 비판 담론과 비교해보면 그 차이가 더욱 명확해진다. 반노 세력은 친노를 비판할 때 흔히 '패권주의'라는 표현을 사용한다. 그래서 '친노 패권주의'는 하나의 고유명사처럼 민주당 세력 내부에서 통용된다. 반면에 진보 내부에서는 '친노종북'이란 표현을 거의 사용하지 않는다. 민주당 세력 내부에서 이 표현을 사용한 정치인은 2016년 총선을 앞두고 새누리당으로 옮긴 조경태 의원이 아마 유일했을 것이다. 그만큼 '친노종북'은 보수의 언어다.

그러면 '종북'은 무엇을 뜻하는가? '종북'은 2001년 사회당 원용수 당수가 처음 제기했으며 2008년 민주노동당 분당 과정에서 조승수가 강경 NL 진영을 비판하기 위한 목적으로 사용한 뒤 확산되기 시작했다. 그리고 2012~2014년 통합진보당 내분 사태와 해산 과정에서 대중적으로 매우 폭넓게 확산되었다. 종북 담론은 반공·반북 담론이 쇠퇴하면서 이를 대체하는 효과를 내고 있다.

한국의 보수 세력은 정치·사회적 동원 및 통제의 필요성을 느낄 때 반공주의 이데올로기를 동원하였다. 반공주의는 북한의 남침으로 전쟁이 발발하였고 모택동의 중국이 참전하였다는 역사적 경험을 상기시키면서 북한과 공산주의 세력에 대한 본능적인 공포 심리를 자극함과 동시에 이와 연관된 대상에 대한 조건반사적인 거부 심리를 유도하는 이데올로기였다. 또한 남북한 체제경쟁 시기에 반공주의는 생존을 위한 신념과 열정의 근원으로 작용하기도 했다.

그러나 보수 세력이 전가의 보도로 활용했던 반공주의는 1997년 대선 과정에서부터 과거와 같은 정치적 위력을 발휘하지 못했고[11] 김대중 정부의 탈냉전 전략이 여러 성과를 내면서 급격히 약화되었다. 김대중 정권의 햇볕정책은 북한을 민족의 일원으로 인식하는 민족주의 의식을 고양시켰다. 한편 북한 체제의 실상이 적나라하게 알려지자 북한을 더 이상 공포의 대상으로 인식하지 않게 되어 사재기 현상이 사라지는 등 북한에 대한 우리 국민의 공포 심리가 약화되었다.[12]

그러자 보수 세력은 북한에 대한 공포 심리에 의존한 기존의 반공주의 동원 전략을 사실상 폐기하고 그 대신 '퍼주기'나 '종북'처럼 변화된 국내 상황과 남북한 관계를 고려한 논리를 동원하기 시작했다. 특히 북한은 문제점이 많은 국가이기 때문에 북한을 소재로 정치 공세를 펼치기 쉽다. 3대 세습에서 확인할 수 있듯이 북한은 봉건적인 전체주의 독재 국가이다. 자유민주주의 체제에서 살고 있는 우리로서는 그와 같은 북한의 모습에 상당한 거부

진보 오리엔탈리즘을 넘어서

감이 들 수밖에 없다. 또한 북한은 핵과 미사일을 개발하는 등 극단적인 모습을 보이고 있어서 북한에 대한 적대 심리가 형성되기 쉽다. 그래서 북한에 대해 단호한 모습을 보여줘야 한다는 정서가 존재한다. 더군다나 만성적인 사회·경제적 위기 속에서 사회적 차원의 불만이 고조되고 있는데, 우선 그 불만을 해소할 수 있는 대상이 필요하다. 그리고 보수 세력은 이 같은 상황을 교묘하게 이용한다.

과거 반공주의가 통용되었을 때와 종북 담론이 통용되고 있는 현재를 비교해보면, 북한이 부정적 대상이라는 점에서는 동일하지만 그 내용의 구성에는 상당한 변화가 있다. 과거에는 북한이 사람들의 본능적인 불안감을 자극하는 공포의 대상이었지만 지금은 열등한 대상, 훈계와 짜증의 대상이 되었다. 그래서 보수 세력은 대북 협상을 지향하는 진보 세력을 나약하고 유약한 데다 권위가 없으며 낭만적 인식을 가진 존재로 프레임화한다. 이처럼 진보가 시대착오적이고 열등한 존재로 이미지화되는 데는 북한 문제가 결정적인 연결 고리 역할을 하고 있다.

그러면 이를 친노 담론과 연계해 분석해보자. 앞서 광의의 친노는 민주화 운동 세력 일반을 지칭한다고 설명했다. 지금 보수 세력이 '친노종북'이라는 표현을 사용할 때 친노의 범위는 협의의 친노가 아니라 광의의 친노다. 따라서 '친노종북'은 민주화 운동 세력 전반에 대한 부정적 이미지화를 목적으로 한 것이다.

'친노종북' 담론이 2012년 총선 전후 당시 민주통합당과 통합진보당 사이의 야권 연대 과정에서 증폭되었다는 점에 주목해야 한다. 이명박 정권 중반기부터 본격화된 야권 연대는 민주당의 당권을 가진 친노 세력과 기존 진보 정당 사이에서 이뤄졌다. 친노 세력과 진보 정당은 모두 '민주화 운동 세력'으로 범주화할 수 있다. 그래서 보수 세력은 여기에 종북 담론을 결부시켜 '민주화 운동 세력=종북'이라는 인식을 유포하고자 하였다. 그러므로 종북 담론은 진보 정치 세력(진보 정당)을 약화시키려는 목적도 있지만 '친노종북' 담론에서 보듯 궁극적으로 범진보 세력의 중심인 민주당 세력에 대한 무력화 시도라고 해석할 수 있다.

여기서 한 가지 짚고 넘어가야 할 사안이 있다. 반노 담론과 종북 담론이 제기되고 확산되는 과정을 보면 둘 사이에 유사한 측면이 있는데, 둘 다 진보 세력 내부의 논쟁과 정치적 공방 과정에서 형성되었고 보수가 이를 이용하여 진보 전체를 공격하는 수단으로 활용하는 과정에서 확산되었다는 사실이다. 반면 둘 사이에 차이점도 있는데, 반노 담론은 지금도 진보 세력 내부에서 통용되고 있지만 종북 담론은 통합진보당 해산 과정에서 급진 민족주의 좌파 세력인 강경 NL 세력이 사실상 궤멸한 뒤로 담론 공간에서의 영향력이 많이 약화되었다는 점이다.

진보 오리엔탈리즘을 넘어서

'반노무현'을 대하는 보수의 자세: 확산과 은폐

—

반노 담론이 지배 수단으로 효과적으로 기능하기 위해서는 피지배층에게 수용되고 해석되는 과정에서 지배 권력의 의도가 반영되어야 한다. 이와 관련된 인지 해석의 틀이 바로 프레임frame이다. 정치적 동원 과정에서 프레임은 기본적으로 '우리＝친구' '그들＝적'이라는 이항대립의 틀로 구성된다. 슈미트Carl Schmitt는 '정치적인 것'의 고유한 본질은 '적'과 '동지'의 구별이라고 했으며,[13] 무페Chantal Mouffe는 '정치적인 것'은 권력관계가 내재된 인간 세계의 고유한 속성이라고 설명한 바 있다.[14] 이렇게 볼 때 정치적 동원 전략은 '그들'에 대한 적대적 정체성 형성을 도모하는 부정적 통합 전략과 '우리'라는 일체감 형성을 꾀하는 긍정적 통합 전략 두 가지로 나누어 살펴볼 수 있다. 여기서 '우리'라는 의식은 정서적·의식적 동질감이 형성될 때와 이익을 공유할 때 형성된다.

위에서 확인했듯이 '반노'는 민주화 운동 세력에 대한 적대적 인식 형성을 도모하는 정치적 상징으로서의 역할을 하고 있다. 따라서 정치적 상징으로서 '반노'는 부정적 통합 전략을 위한 정치적 수단이자 도구다. '반노'는 확산과 은폐라는 두 가지 방식으로 부정적 통합 전략에 활용된다. 먼저 확산의 메커니즘을 살펴보자. 정치적 상징의 확산은 대상과 대상 사이의 접합의 과정을 통해서 이뤄지는 경우가 많다. 정치적 상징은 연관된 대상들과 접합되면서 그 의미에 양적·질적인 보완이 이뤄진다. 그래서 접합은 정치적 상징의 확산에서 매우 중요하다.

그러면 정치 담론 공간에서 접합은 무엇을 의미할까? 라클라우 Ernesto Laclau는 특정 대상과 대상이 결합되고 구성되는 과정을 '접합'이라고 개념화했다. 라클라우는 모든 대상은 유동적이며 상호 결합하면서 변화한다고 인식한다. 그래서 그는 특정 현상의 형성과 변화의 메커니즘을 분석하는 데 '접합'에 대한 이해가 필수적이라고 주장한다.[15] 홀 Stuart Hall은 라클라우의 정의에 따라서 두 개의 다른 요소를 서로 통일시킬 수 있는 연결 형태를 접합이라고 정의한다.[16] '반노'는 진보 오리엔탈리즘을 상징하는 정치적 기호이다. 그뿐만 아니라 진보 약화와 관련된 다른 요인들이 접합되도록 하는 매개 역할을 한다. 이는 현실에서 두 가지 형태로 나타난다.

하나는 '도덕적 순수함'을 '친노'에 접합시키는 경우다. 보수 세력은 민주화 운동 세력을 도덕적이지 못한 이익 추구 세력이라고 규정하며 민주화 운동 세력이 내세우는 도덕적 순수함을 직접적으로 공격한다. 이를 통해 서민을 위한다는 진보 세력의 정치적 주장을 무력화하려는 것이다. 이처럼 진보 세력의 도덕적 순수함을 무력화시키려는 보수 세력의 시도는 과거 권위주의 정권 시절에도 있었다. 당시에는 주된 대상이 돈과 성윤리 문제였는데 그때는 진보 세력이 계급정치를 도모할 수 있는 여건이 아니었기 때문에 그 정도 대응으로도 충분하다고 판단한 것으로 보인다.

그런데 지금은 진보 세력이 집권에도 성공한 적이 있고 언제든 집권할 수 있을 정도의 정치적 파워를 갖고 있기 때문에 과거보다 업그레이드된 전략이 필요하다. 그래서 계급 갈등을 유발하는 수단으로 도덕적 요인을 활용하여 진보 세력의 정치적 확장을 억제하려고 한다. 이는 진보 세력의 주된 정치적 기반이 중산층 리버럴 세력에 있다는 점과 관련이 있다. 결국 광의의 친노가 민주화 운동 세력, 즉 진보 세력 전체를 포괄하기 때문에 도덕적 순수함이 이와 접합되면서 진보 세력에 대한 부정적 의식화에 영향을 주고 있는 것이다.

다른 하나는 '반호남'에 '친노'를 접합시키는 경우다. 광의의 친노 개념에도 호남은 포함되지 않는다. 진보 세력은 민주화 운동 세력과 호남 양 축으로 발전해왔고 김대중은 둘 다 포괄하지만 노무현은 정당 개혁, 지역주의 타파와 관련해서 호남과 갈등을 빚었기 때문이다. 보수 세력은 반호남 지역주의 전략을 업그레이드하는 과정에서 노무현을 끌어들여 호남과 친노 세력 간의 갈등을 유발하려고 했다. 특히 이 과정에서 김대중과 노무현을 분리하는 전략을 취했다. 실제로 이명박-박근혜 집권 기간 동안 보수세력은 2016년 초 개성공단 폐쇄 결정이 나기 전까지만 해도 김대중을 거의 비판하지 않았다. 여기에는 호남과 친노를 분리시키려는 의도가 반영되어 있는데, 이는 '반호남'과 '친노'가 접합되는 과정에서 이뤄지는 것이다.

이처럼 보수 세력은 진보 세력을 무력화하기 위한 정치적 동원 과정에서 '반노'를 두 가지 차원에서 접합시키면서 활용하였다. 확산은 특정 대상을 염두에 두지 않은 것도 있지만 하층 계급과 호남처럼 특정 대상을 상대로 한 것도 있다. 이것이 '반노'가 확산되는 메커니즘이다.

다음으로 은폐의 메커니즘을 살펴보자. 기든스Anthony Giddens는 이데올로기가 지배 관계 형성에서 다음의 세 역할을 한다고 설명한다. 첫째, 지배 계급의 분파적 이해관계를 보편적 이해관계로 표상하는 것, 둘째, 모순의 부정이나 변형을 통해서 피지배 세력이 모순의 실질적 내용과 그 관계를 제대로 이해하지 못하도록 하는 것, 셋째, 지배 관계가 이뤄진 현재의 상태를 자연화, 즉 당연한 상태로 인식하도록 하는 것이다.[17] 여기서 은폐는 둘째 역할과 관련되어 있으며, 모순의 근원이 친노 세력에게 있다고 몰아가는 행태를 뜻한다. 보수 세력은 정치적으로 곤혹스러운 상황이 발생하고 이에 효과적으로 대처하지 못할 경우 그 책임을 노무현 정권에게 전가하는 모습을 자주 보이곤 했다. '기승전노무현'이라고 할 수 있을 정도인데, 이는 은폐 전략의 전형적인 속성을 보여준다. 이는 마녀사냥처럼 적대적 대상을 설정하는 것으로, 자신의 책임을 모면하기 위한 정치적 알리바이로서 기능한다.

지금까지 '반노'는 진보 오리엔탈리즘의 정치적 상징이며 보수 세력에 의해 부정적 통합 전략의 수단으로 활용되고 있음을 살펴보았다. 이는 확산과 은폐 두 가지 경로로 이뤄지며, 그중에서도 확산은 접합을 통해서 이뤄지고 있음을 알 수 있었다. 이처럼 '반노'는 보수 세력의 헤게모니 전략과 관련해서 살펴볼 수 있다.

이 같은 '반노'의 특성은 제솝Bob Jessop이 말한 '두 국민 전략'과도 관련이 있다. 제솝은 특수 이익과 일반 이익 간의 갈등을 해소할 수 있는 헤게모니 프로젝트의 필요성을 강조하였다. 헤게모니 프로젝트는 물질적 이해관계인 경제적 측면과 윤리, 규범, 정치적 지도력 등 비경제적인 측면을 포함한다.[18] 제솝은 현대 자본주의 국가에서 나타나는 헤게모니 프로젝트의 성격을 '한 국민one-nation 전략'과 '두 국민two-nations 전략'으로 나누어 설명한다. '한 국민' 헤게모니 전략은 케인스주의 복지국가처럼 지배 세력이 물질적 양보와 상징적 보상을 통해 사회 구성원 전체의 지지 획득을 목적으로 하는 것이고, '두 국민' 헤게모니 전략은 대처주의처럼 전체 인구 중에서 포섭할 대상과 배제할 대상을 나누고 배제되는 대상에게 프로젝트 비용을 전가하는 것이다.[19]

여기서 중요한 점은 포섭과 배제에 있어서 물질적 측면뿐만 아니라 상징과 정체성 같은 관념적 요소도 동일한 메커니즘으로 작동한다는 사실이다. 따라서 정치적 상징으로서 '반노'는 부정적 통합 전략의 수단이며 두 국민 프로젝트와 연관된 것이라고 볼 수 있다.

반노무현주의는 무엇이며 왜 나타났나?

'반노무현주의'는 무엇인가?
—

앞에서 정치적 상징으로 통용되고 있는 '반노'에 대해서 살펴보았다. 이번에는 정치적 이데올로기로서 '반노무현주의'에 대해서 살펴보려고 한다. '반노무현주의'는 김대중-노무현 정권의 개혁 방향과 그에 대한 보수 세력의 대응 과정에서 형성된 신보수주의 세력의 정치 이데올로기이다. 따라서 '반노무현주의'의 의미를 살펴보기 위해서는 그것이 출현한 역사적 맥락에 대한 기본적 이해가 필요하다.

1997년 12월 15대 대선에서 김대중이 당선되고 2002년 12월

16대 대선에서 노무현이 당선되면서 중도 리버럴 세력이 10년 동안 집권하게 되었다. 김대중-노무현 정권은 권위주의 지배 질서의 해체와 재구조화를 통해 민주주의 공고화를 이룩하려고 했다. 그래서 민주주의와 자유주의를 심화시키고 평화를 확산시키기 위한 각종 정책을 추진하였다. 특히 김대중 정권은 남북 관계 개선을 통한 냉전 분단 구도의 해체에 중대한 역할을 했는데, 이는 한국에서 자유주의와 민주주의의 질적 심화를 위해 매우 획기적인 조치였다. 또한 노무현 정권은 탈권위를 위한 전방위적 개혁 조치를 시행하였다. 이와 같은 시대적 분위기 속에서 시민사회에서도 인권, 자율, 참여 등 민주주의와 자유주의 가치가 확산되었다.

그런데 이 과정에서 두 가지 문제점이 나타났다. 먼저 신자유주의적 구조 개혁 과정에서 사회·경제적 불평등이 심화되어 계급 양극화·고착화 현상이 나타나게 되었다. 그리고 냉전 분단 체제 전환 과정에서 유동적인 국제 정세에 불안을 느끼는 흐름이 나타나게 되었다. 이 같은 배경에서 사회적 불안이 형성되고, 불안이 심화될수록 권위에 대한 의존 심리가 강화되는 현상이 나타났다. 국가 및 사회적 권위의 약화에 본능적으로 거부감을 갖는 흐름이 형성되었는데, '반노무현주의'는 이와 같은 배경에서 출현했다.

반노무현주의는 권위 회복을 강조하면서 성장과 안보를 위해서는 민주적 관리·조정 대신 국가와 재벌과 같은 거대 주체에 의탁

하는 것이 현실적 이익과 안정을 가져다준다고 믿는 일련의 지향을 뜻한다. 그래서 반노무현주의는 권위를 해체하고 약화시키는 광의의 친노, 즉 민주화 운동 세력을 거부하고 더 나아가 이들 세력의 가치를 배제하는 것이 필요하다고 강조한다. 그리고 점증하는 불안을 극복하기 위하여 실추된 권위를 회복하고 새로운 권위를 창출하는 것이 필요하다고 역설한다. 이처럼 반노무현주의에서는 권위가 가장 중요한 위상을 차지한다.

이 같은 반노무현주의는 두 가지 모습을 보인다. 첫째, '잃어버린 10년' 담론을 통해 '진보는 무능하고 보수는 유능하다'는 프레임을 설정한 후 경제와 안보 문제에서 국가주의를 통한 헤게모니 전략을 시도한다. 특히 '안보는 보수'를 강조하면서 대북 강경책을 기본 기조로 삼는다. 둘째, 사회적 양극화를 해소하기 위한 방안으로 낙수론을 제시하며 성장을 강조한다. 또한 국가의 개입을 통한 경제 성장 및 경제 민주화를 통한 각종 구조 개혁 등의 방식으로 문제를 해결하겠다는 지향을 드러낸다.

이러한 반노무현주의는 매우 광범위하게 유포되었으며 큰 영향력을 발휘했다. 이명박-박근혜 정권은 반노무현주의라는 정치 이데올로기와 밀접한 관련이 있다. 이글턴은 "성공적 이데올로기는 강요된 환영 이상의 것이어야 하며, 그 비일관성에도 불구하고 주체에게 간단하게 즉석에서 거부할 수 없을 정도로 현실적이고 인식 가능한 사회적 현실의 한 유형을 전달해야 한다"[20]라고 주

진보 오리엔탈리즘을 넘어서

장한 바 있다. 그렇게 볼 때 신보수주의 세력에 의해 확산된 반노무현주의는 성공한 이데올로기라고 볼 수 있다.

이처럼 정치적 상징인 '반노'와 정치적 이데올로기인 '반노무현주의'는 한국의 독특한 역사적 경험 속에서 형성된 정치·사회 현상이다. 그런데 반노와 반노무현주의는 현실 정치에서 매우 격렬한 정치 공방의 소재가 되고 있기 때문에 여기에 함몰되면 이 현상의 객관적 진실을 제대로 파악하기 어렵다. 거시 역사적 흐름 속에서 바라볼 때에야 반노와 반노무현주의를 제대로 이해할 수 있다.

지금까지 반노무현주의가 나타나게 된 기본적인 배경을 살펴보았다. 그다음으로 위와 같은 역사적 배경에서 포착해낼 수 있는 두 가지 특징에 주목하면서 반노무현주의의 성격과 의미에 대해 좀 더 심층적인 분석을 시도해보고자 한다. 하나는 1987년 민주화 이행 이후 민주주의 공고화가 미완의 과제에 머물렀다는 점이다. 이 현상을 '비동시성의 동시성' 개념을 통해서 분석할 것이다. 다른 하나는 그러한 상황 속에서 사회적 불만이 누적되면서 신보수주의가 대안적 이념으로 대두하였다는 점이다. 이 같은 배경에서 반노무현주의 정치 이데올로기가 출현했다.

미완의 민주주의 공고화와 비동시성의 동시성
—

반노무현주의의 형성은 한국 민주주의의 이행 및 공고화라는 거시적 관점에서 살펴볼 필요가 있다. 반노무현주의의 형성은 민주주의 공고화를 완성하지 못한 한국 민주화 과정의 역사적 한계와 관련이 깊다. 또한 비동시성의 동시성 현상이 매우 두드러지는 한국 현대사의 성격도 이와 관련되어 있다.

한국은 1987년 6월 항쟁과 직선제 개헌 이후 본격적으로 민주화가 시작되었다. 그 전에도 자유, 민주와 같은 정치적 레토릭은 매우 빈번히 사용되었지만 정치사회 시스템의 구성 및 작동 방식은 그것과 거리가 멀었다. 1987년 민주화 이후 등장한 노태우, 김영삼 두 정권은 일정 정도 한계가 있었다. 물론 김영삼 정권은 문민통치 시대를 열었으며, 하나회를 척결하여 군의 정치 개입 가능성을 봉쇄하였고, 금융실명제를 실시하는 등 몇 가지 영역에서 매우 혁신적인 개혁을 하였다. 그러나 김영삼 정권은 3당 합당이라는 기존 권위주의 세력과의 통합 과정에서 성립하였다는 근본적인 제약 조건이 있었다.

김영삼 정권의 개혁은 그람시Antonio Gramsci가 말한 수동혁명passive revolution과 유사하다. 그람시는 지배 세력이 피지배 세력의 정치·경제·사회적 요구에 일정 정도 부응하는 개혁 조치를 선제적으로 시행하여 지배의 안정을 도모하는 상황을 수동혁명이라고 개념화했다.[21] 최장집은 이 개념을 한국 현대사에 적용하여 이승만 정권의 토지 개혁, 박정희 정권의 산업화 전략, 김영삼 정권 초기의 민주화 조치 등이 수동혁명에 가깝다고 평가한 바 있다.[22] 이처럼 김영삼 정권의 개혁은 성과와 한계가 매우 뚜렷했다.

그런 점에서 1997년 15대 대통령 선거에서 평화적 정권 교체를 통해 김대중 정권이 들어선 것은 한국 민주주의 공고화에 매우 획기적인 전환점이 된 역사적 사건이었다. 선거에 의한 평화적인 정권 교체의 실현은 민주주의 공고화의 핵심이다. 헌팅턴 Samuel Huntington은 평화적인 방식으로 정권 교체가 두 차례 이뤄질 때 민주주의 공고화가 이뤄진 것으로 평가한다.[23] 쉐보르스키 Adam Przeworski는 민주적 제도에 대한 사회적 신뢰가 확고히 확보되어 정치 세력들이 경쟁에서 패배하는 상황에서도 민주적 제도와 방식 이외의 다른 대안을 모색하지 않는 상태가 되었을 때 민주주의 공고화가 이뤄졌다고 규정한다.[24] 또한 정치 세력 간의 정권 교체가 이뤄지고, 극단주의가 발호할 수도 있는 경제적 위기 상황 속에서도 민주주의 체제에 대한 지지가 지속적으로 나타날 때 민주주의 공고화가 이뤄졌다고 평가하기도 한다.[25]

이상에서 보듯 평화적인 정권 교체는 민주주의 공고화의 가장 기본적인 조건이다. 이렇게 볼 때 1997년 12월 선거에 의해 평화적인 정권 교체가 이뤄졌다는 사실은 한국 민주주의 공고화에 매우 큰 의미를 갖는다. 그리고 그 뒤에 노무현 정권이 들어서고 다시 보수 세력인 이명박 정권이 들어서는 일련의 과정을 보면 한국은 선거의 지속성과 안정성 등 제도적인 측면에서는 민주주의 공고화를 이룩한 것으로 볼 수 있다.

그런데 민주주의 공고화를 절차적인 측면과 실질적인 측면으로 구분해서 보기도 한다. 절차적이고 제도적인 측면에서 민주주의 공고화를 바라볼 경우에는 민주적인 선거 제도의 안착 여부가 중시된다. 위에서 살펴본 여러 이론들이 그러한 경우다. 한편 실질적인 측면에서 민주주의 공고화를 바라볼 경우에는 과거 청산과 같은 권위주의적 잔재 청산, 사회·경제적 민주주의, 생활 세계의 민주주의 확산 등이 중시된다.[26] 이처럼 실질적인 차원에서 민주주의 공고화를 바라본다면 1987년 민주화 이행 이후 우리 사회가 해결해야 했던 중대 과제는 다음의 네 가지였다.

첫째, 권위주의 정권하에서 누적된 각종 반민주적·반인권 현상을 극복하여 정상적인 민주주의 국가가 될 수 있도록 법적·제도적·사회문화적 기반을 마련하는 것이다. 둘째, 1997년 외환 위기 및 IMF 구제금융 사건에서 드러났듯이 권위적인 국가 주도 산업화 전략은 한계에 직면했으므로 자본주의 시장경제 질서를 재구조화하여 이를 정상 궤도에 올려놓고 신성장동력을 창출하는 것이다. 셋째, 사회·경제적인 계급 양극화 및 고착화 현상을 완화시키는 일이다. 이는 특히 1997년 외환 위기 이후 크게 부각되었다. 넷째, 냉전이 해체된 이후 동북아 질서가 재구조화되는 과정에서

진보 오리엔탈리즘을 넘어서

발생한 미국과 북한 사이의 갈등과 대립을 조정하여 새로운 평화 질서를 구축하는 일이다. 이상의 네 가지 과제는 실질적인 차원에서의 민주주의 공고화를 위해 반드시 해결해야 하는 사안이었다.

이와 같은 과제에 대해서 1987년 이후 등장한 노태우, 김영삼 정권도 어느 정도 성과를 냈다. 노태우 정권은 북방정책과 남북기본합의서 체결에서 알 수 있듯이 넷째 과제에서 상당한 성과를 냈다. 그리고 김영삼 정권은 하나회 척결, 전두환·노태우 구속 등에서 보듯 첫째 과제에서 큰 성과를 거뒀다. 그런데 두 정권은 정권 기반의 한계로 인하여 더 이상의 개혁은 하지 못했으며, 결국 진보 정권인 김대중-노무현 정권이 위의 과제들을 감당해야 하는 상황이 되었다.

김대중-노무현 정권은 10년의 집권 기간 동안 많은 노력을 기울였고 상당한 성과를 거두었다. 특히 첫째 과제에서 많은 성과를 냈으며 넷째 과제에서도 획기적인 전환을 이뤄냈다. 그리고 둘째 과제의 경우 2001년에 IMF 차입금을 조기에 상환하여 전 세계 전문가들의 예상을 뛰어넘는 성과를 냈으며, 각종 구조조정을 통해 국제적 기준에 맞는 시장 질서를 구축하는 성과를 올렸다. 또한 신성장동력인 IT와 문화 발전에도 큰 역할을 했다. 이렇듯 네 과제 중 세 가지에 대해서는 상당한 성과를 냈다.

문제는 셋째 과제인 불평등 문제 해소에 기대만큼의 성과를 내지 못했다는 데 있다. 물론 김대중 정권 때 시작된 기초생활보장법과 생산적 복지 정책은 한국 사회가 복지 국가로 도약하는 데 중요한 밑거름이 되었다. 다만 이때 막 시작한 복지 정책을 통해서 1997년 외환 위기 이후 급격히 나타난 모순을 모두 만회한다는 것은 구조적으로 불가능한 일이었다. 그렇지만 김대중-노무현 정권이 복지 국가로 나아갈 수 있는 기틀을 세워 경제 위기로 더욱 악화될 수 있었던 불평등에 제동을 걸었다는 점은 높이 평가해야 할 부분이다. 이렇듯 김대중-노무현 정권 10년의 역사를 종합적으로 돌이켜보면 두 정권은 실질적인 측면에서 민주주의 공고화를 위해 많은 성과를 냈다고 할 수 있다.

그러나 노무현 정권 후반기에 접어들면서 신보수주의 세력이 득세하고 기존 진보 세력에 대한 실망감이 대중적으로 크게 확산되었다. 김대중-노무현 정권이 실질적인 측면에서 민주주의 공고화에 매우 큰 성과를 냈다는 사실을 고려해보면 이러한 상황은 쉽게 이해하기 힘들다. 왜 이 같은 현상이 나타나게 되었을까?

이는 민주주의 공고화가 미완인 상태에서 나타난 '비동시성의 동시성' 현상과 관련이 깊다. '비동시성의 동시성'이란 다른 시대에 존재하는 특징적 요소들이 한 시대에 같이 공존하는 현상을 일컫는 말이다. 독일의 역사철학자 에른스트 블로흐Ernest Bloch는 1930년대 독일 바이마르 시대 자본주의 산업화가 초래한 사회 변화를 분석하면서 이 개념을 고안했다. 당시 자본주의 산업화로 인하여 같은 시대에 전근대, 근대, 탈근대적 요소가 혼재되어 있는 현상을 포착하고 이를 비동시성의 동시성이라고 개념화한 것이다.[27]

'비동시성의 동시성'은 한국 현대사의 특징을 설명하기에 매우 적합하다. 한국은 불과 50여 년 만에 국민국가 건설, 산업화, 민주화 등의 역사적 과제를 실현했다. 이는 하나같이 거시적인 사회 변동의 결과로, 서구에서는 수백여 년이 걸린 일이다. 그런데 한국에서는 모두 짧은 시간에 실현되었기 때문에 비동시성의 동시성 현상이 나타날 수밖에 없다. 특히 이 현상은 뒤로 갈수록 더욱 심화되는 경향이 나타나는데, 변화 자체가 매우 압축적이다 보니 앞선 시기의 특징적 요소가 완전히 해소되지 못한 상황에서 새로운 것들이 계속 누적되기 때문이다. 또한 권위주의적 산업화의 모순이 터진 1997년 외환 위기와 IMF 구제금융 사태는 이 같은 경향을 강화시켰다.

앞에서 살펴본 것처럼 10년의 시간 동안 위와 같은 과제를 상당 부분 해결하였지만 모두 성공하지는 못했다. 장기간에 걸친 권위주의 정권의 여러 구조적 모순을 짧은 시간에 해소한다는 것은 불가능에 가까웠다. 더군다나 김대중-노무현 정권은 한국 역사상 가장 민주적인 방식으로 통치했다는 점도 고려해야 한다. 모순은 장기간에 걸쳐서 권위적인 방식으로 형성되고 누적되었던 반면 이에 대한 해결은 민주적인 방식으로 단기간에 해야 했기 때문에 김대중-노무현 정권은 근본적으로 불리한 여건에 있었다. 이러한 이유로 김대중-노무현 정권 시기에 실질적인 측면에서의 민주주의 공고화가 미완의 상태에 머물게 되었고 '비동시성의 동시성' 현상이 더욱 강하게 나타났다.

이는 두 가지 측면에서 살펴볼 수 있다. 첫 번째는 한반도 냉전 분단 구도의 해체와 관련된 사안이다. 1990년을 전후해 미소 대립을 축으로 한 냉전 체제가 종식되자 유럽에서의 냉전은 끝이 났다. 그러나 냉전의 또 다른 축인 동북아 지역은 중국과 일본 사이의 대립, 한반도 문제 등 여러 사안이 얽혀 있어서 유럽과 다르게 미소 냉전의 종식이 이 지역에 평화와 안정을 가져다주지 못했다. 오히려 이 지역의 유동성을 증가시키는 배경 요인이 되었다. 이는 1994년 1차 북핵 위기 당시 실제로 전쟁 발발 가능성이 있었던 것을 상기해보면 쉽게 이해할 수 있다.

이러한 상황에서 1997년 15대 대통령 선거에서 당선된 김대중은 햇볕정책으로 명명된 평화적 방식의 대북 관여 정책을 내세웠다. 햇볕정책은 교류와 협력을 통해 남북 사이의 긴장을 완화하고 군사·안보 사안을 대화와 협상으로 일괄 타결하자는 것이다. 김대중은 한반도를 둘러싼 강대국 사이의 패권 경쟁이 나타나지 않도록 조절하고, 군사적 긴장보다 사회·문화·경제적 교류를 통한 호혜적 상호 이익을 강조하면서 한반도 질서의 대변화를 구상하고 실천했다. 그런데 이는 궁극적으로 1953년 정전 협정 체결 이후 형성된 동북아 국제 질서의 대변혁을 의미하기 때문에 쉬운 일이 아니었다. 특히 한반도 문제에는 남북한과 주변 4대 강국 사이의 과거사 문제를 비롯해 복잡한 문제들이 얽혀 있기 때문에 각자의 입장을 조절해 원만한 합의를 도출하는 것이 쉬운 일이 아니었다.

지금까지도 해결하지 못하고 있는 북한의 핵과 미사일 문제도 이와 관련되어 있다. 북핵 문제는 기본적으로 상호 신뢰가 부족한 북한과 미국 사이의 입장을 조율해야 하는 난제 중에서도 난제다. 특히 민주주의 국가인 한국과 미국은 정권이 주기적으로 교체되므로 양국이 호흡을 맞춰 햇볕정책에 기초한 대북 관여 정책을 집중적으로 추진한 시기가 실제로 길지 않았다. 김대중-클린턴 시기에는 두 정부 사이의 호흡이 잘 맞아 속도감 있게 진행되었지만, 2001년 등장한 미국 부시 정권은 네오콘의 입장에 따라 강경한 대북 정책을 추진하여 한반도 정세가 불안정해졌다.

그러한 상황에서도 김대중 정권과 노무현 정권이 지속적으로 부시 정권을 설득하여 부시 정권 후반기인 2005년부터 2008년까지 본격적인 대화와 협상이 이뤄졌다. 그러나 이 시기에는 앞선 시기에 비해 협상 기조의 일관성과 강도가 상대적으로 약했다는 문제점이 있었다. 그리고 2008년 초 한국에서 대북 강경책의 변형인 '비핵개방 3000'을 내세운 이명박 정권이 들어서고 부시 정권의 임기도 끝나가면서 2008년 12월 6자 회담이 개최된 이후 오랜 시간 교착 상태가 이어지게 되었다.

이로 인한 피로감에 더해 북한의 여러 대응도 상황을 악화시켰다. 북한은 자신의 뜻에 따라 협상이 진행되지 않을 때마다 무력 시위를 반복했는데, 그러한 태도는 한국과 미국 내부의 대화협상파의 입지를 축소시켰다. 특히 부시 이후 등장한 오바마 정권은 그러한 북한의 태도에 매우 부정적이었으며, 이는 오바마 정권 시절 북미 관계가 사실상 단절된 이유 중 하나였다. 또한 북한은 3대 세습과 같은 낙후된 국가 체제, 연평도 포격 사건 같은 일련의 군사적 도발, 장성택 처형 같은 공포 정치 등의 여러 요인이 복합적으로 결합되어 국가 이미지가 매우 좋지 못하다. 이 같은 상황에서 북한에 대한 감성적 대립 의식이 강조되어 햇볕정책에 대한 대중적 기반이 이전보다 약화되었다. 그래서 햇볕정책을 통해 이루고자 했던 한반도의 새로운 질서 구축은 당분간 요원한 상태가 되어버렸다. 이는 '비동시성의 동시성'에 의해 나타난 현상이다.

두 번째로 살펴볼 측면은 계급 양극화 및 고착화 현상이다. 김대중 정권은 복지를 국정의 주요 목표로 제시한 최초의 정권이었다고 할 수 있다. 김대중 정권은 기초생활보장제도 도입, 4대 보험의 확대 적용, 생산적 복지 정책 실시 등 복지 국가의 초석을 세웠다. 이는 그 자체로 획기적인 의미가 있는 일이었다. 하지만 김대중 정권이 복지 정책을 추진하던 당시는 외환 위기의 충격파가 한국 경제를 강타하여 불평등 문제가 빠른 속도로 악화되던 시기였다. 복지 정책을 통해 이 문제를 온전히 해결하기는 어려운 상황이었다. 그 결과 소득 불평등에 따른 계급 양극화 현상이 심화되었으며 설상가상으로 계급 고착화 현상마저 나타났다.

외환 위기 이후 한국 경제가 처한 구조적 상황이 과거보다 열악했다는 점은 사실이지만, 절차적 민주주의가 강화된 이 시기에 계급 양극화·고착화와 같은 불평등 문제가 심화된 것 또한 분명한 사실이다. 그래서 사회·경제적 위기에 처해 있는 사람들이 민주주의를 자신의 삶의 질을 향상시키는 가치로 이해하기보다는 운동권 정치 엘리트를 위한 것으로 이해하는 경향이 나타났다. 그 결과 진보 세력이 계급정치를 통해서 지지 세력으로 삼고자 했던 하층은 오히려 민주주의에 회의적인 경향을 보이게 되었고, 이는 권위주의 리더십에 대한 향수로 이어졌다. 이와 같은 현상 역시 '비동시성의 동시성'과 관련되어 있다.

이상의 두 가지 측면에서 확인했듯이 비동시성의 동시성에 의해 형성된 정치·사회적 피로감은 반노무현주의 형성의 핵심 원인이다. 그리고 이와 같은 비동시성의 동시성은 모순의 형성과 모순의 해결 과정에서 불공정한 여건을 초래한다. 우선 모순은 권위적이면서도 압축적인 방식으로 형성되었고 장기간에 걸쳐 누적되었다는 특징이 있다. 그런데 모순의 해결은 민주적인 방식으로 단기간에 해야만 한다. 그만큼 불공평한 상황이다.

이는 민주화에 대한 희생과 보상 사이에 불공정을 초래하는 연쇄적인 파장을 낳으며, 반노무현주의가 사회적으로 확산되는 데 큰 영향을 주었다. 반노무현주의 사회화의 가장 큰 원인은 민주화를 위한 희생 그리고 그에 대한 국가적·사회적 반응(혜택, 보상 등) 사이의 불일치 및 괴리에 있다. 민주화를 통해 보편적 차원에서 자유, 민주, 인권의 가치가 확장되어 사회 발전이 이뤄진 것은 분명한 사실이다. 그런데 장기적·누적적·압축적이었던 모순을 해소하는 과정에서 소외되고 피해받았던 사람의 명예나 이익이 회복되어 전체적인 균형을 이루기까지는 상당한 시간과 노력이 필요했다.

가장 바람직한 경우는 민주화의 가치가 보편화되는 것과 동시에 민주화를 위해 희생한 세력에게 더 적극적인 혜택을 주어 전체적인 균형을 맞추는 것이다. 그러나 현실에서는 민주주의가 누구나 혜택을 받는 공공재와 비슷한 역할을 하게 되었다. 물론 민주화를 위해 노력하고 희생한 사람들을 상대로 적극적인 자원 배분이 이뤄지기도 했다. 하지만 많은 경우 이 과정에서 소외되었고 그 결과 민주화 운동 세력을 더 지지했던 세력에게 독점적인 가치와 자원이 배분되지 않았다.

단적인 예로 호남은 광주 항쟁에서 보듯 민주주의 실현을 위해 더 많은 희생을 했지만 그렇다고 호남에게 더 많은 혜택이 돌아간 것은 아니었다. 새로운 차별은 없어졌지만 과거에 있었던 차

진보 오리엔탈리즘을 넘어서

별에 의해 누적된 문제점은 해소되지 않았던 것이다. 2016년 총선을 앞두고 당시 야권 분열의 기반이 된 호남 소외론이 등장한 배경도 이와 관련이 있다. 결국 이는 민주화의 결과가 보편화의 단계에 머물게 되어 나타난 현상이다.

민주화의 이 같은 특징은 산업화와 비교해보면 더욱 명확해진다. 산업화는 결국 유형의 가치를 창출하며 산업화를 위해서는 개발 지역에 구체적인 물질적 가치를 투여해야 한다. 그 과정에서 먼저 혜택을 받는 계층과 지역이 존재하기 마련이다. 이는 보수 세력이 금과옥조로 여기는 낙수론과도 관련되어 있다. 낙수론은 파이를 먼저 키운 뒤에 민주적 개입을 통해서 분배를 하겠다는 것이다. 이 논리는 산업화 초기 단계에서의 불평등 발전을 전제한다.

반면 민주주의는 평등의 가치를 강조하는 이념이다. 그래서 민주화 이후 불평등의 완화를 위해 그동안 피해받은 세력에 대한 적극적인 자원 배분 정책을 추진할 때 대중의 반발이 일기 쉽다. 물론 학살, 고문 등 명확하게 눈에 띄는 사건의 피해자를 대상으로 하는 정책의 경우는 사회적 합의가 비교적 용이하다. 사안이 굉장히 명확하고 숫자도 적기 때문이다. 그러나 앞서 언급한 호남 지역처럼 그 대상이 광범위할 경우에는 반발이 초래된다. '우리도 소외되었다'는 목소리가 이곳저곳에서 나오고 민주주의를 내세우며 형식적 공정성을 강조한다.

이처럼 모순의 형성은 권위적인 방식에 의해서 장기간에 걸쳐 이뤄진 반면 모순의 해결은 민주적인 방식으로 단기간에 해야만 한다는 사실은 민주주의 공고화 과정에서 사람들에게 피로감을 주게 된다. 반노무현주의는 이러한 사회적 피로감을 바탕으로 형성되었다. 따라서 반노무현주의는 '비동시성의 동시성' 현상과 깊은 관련이 있다고 할 수 있다.

한국 신보수주의의 대두
—

반노무현주의의 형성에 영향을 준 두 번째 요인은 신보수주의의 대두다. 민주주의 공고화가 미완인 상황에서 진보 세력에 대한 대중의 불만과 불신은 강화되어갔다. 2004년 17대 총선 전후 시점이 진보 세력에 대한 국민의 지지가 가장 높았던 때라고 볼 수 있는데, 이후 진보 세력에 대한 긍정적 인식은 점차 약화되었다. 그러면서 이미 국민적 불신을 받게 된 구보수를 대체한 신보수주의 세력이 등장하였다. 이들은 정치적 동원 과정에서 정치적 상징인 '반노'를 동원하고 국가와 권위를 현실 타개책으로서 강조하였는데, 이것이 반노무현주의가 등장하게 된 두 번째 배경이다.

신보수주의는 신자유주의의 심화 과정에서 나타난 사회적 연대의 약화와 이기주의의 확산이라는 문제를 해결하기 위한 우파의 정치·사회적 기획이다.[28] 그래서 신보수주의는 개인적 이해관계

진보 오리엔탈리즘을 넘어서

로 인해 발생하는 혼란에 대한 해법으로서 질서를 중시하고, 국가 안보를 위해 사회적 윤리를 중시한다.[29]

이러한 점에 주목하여 스튜어트 홀은 영국의 신보수주의(대처주의)가 아래로부터의 동의를 획득하는 과정을 탁월하게 분석한 바 있다. 홀은 대처주의를 경제적 신자유주의와 가족, 전통, 국가, 질서를 강조하는 '유기적 토리주의(보수주의)'라는 영국의 복고적 도덕주의의 결합으로 파악한다.[30] 또한 홀은 대처주의가 보여주는 역동적 혁신에 주목하면서 보수 세력이 과거처럼 전통과 수동적 기득권에 의지하는 관성적인 태도에서 벗어나 자기 혁신과 혁명적 변화를 시도하고 있다고 본다.[31] 그래서 홀은 보수 세력이 경제적 지배에 국한되지 않고 정치적·도덕적·지적 리더십을 확보해 시민사회에서 우위를 점해야 한다는 점을 깨닫고 그에 따른 헤게모니 전략을 구체화하고 있다는 사실에 주목한다.[32] 이런 이유로 홀은 대처주의를 권위주의적 포퓰리즘이라고 규정한다.

대처주의에 대한 홀의 연구가 더욱 빛을 발하는 부분은 위로부터의 동원 전략만을 다룬 것이 아니라 일반 대중의 요구와 의식에 주목하면서 대처주의 헤게모니 형성 과정을 분석한 데 있다. 홀은 대처주의가 영국 노동당에 의해 형성된 비효율적인 국가관료제를 모순의 원인으로 설정하고 정치적 대립 구도를 국가관료제와 피해받는 시민으로 전환시킨다고 지적한다. 홀에 따르면 대

처주의는 대중의 현실적·도덕적 감수성에 부응하는 전략을 취함으로써 아래로부터의 지지를 획득했다.[33]

이와 같은 홀의 분석은 영국의 사례뿐 아니라 신보수주의 헤게모니 형성 일반을 분석하는 데에도 큰 의미가 있다. 물론 자본주의 축적 전략의 세부적인 성격은 해당 국가의 국제 시장에서의 위상, 지정학적 조건, 국내의 계급적 조건과 사회·문화적 조건 등에 크게 영향을 받는다. 따라서 신보수주의의 모습은 국가마다 상이하다. 이를 전제하고서 한국에서 나타난 신보수주의의 특성을 살펴보고 반노무현주의와의 관련성을 알아보자.

한국에서의 신보수주의는 뉴라이트의 등장과 더불어 살펴볼 필요가 있다. 김대중-노무현 정권이 연이어 들어서고 2004년 탄핵 국면에서 민주화 운동 세력이 안정적인 과반 의석을 차지하게 되자 보수 세력은 극한 위기 의식을 느끼게 되었다. '보수=수구'로 몰리는 현실을 타파하지 않고서는 보수의 미래가 없다는 판단 하에 보수 혁신 움직임이 나타났다. 이러한 배경 속에서 2004년 11월 23일 자유주의연대가 발족하면서 뉴라이트 운동이 공식화되었다. 한국에서 신보수주의가 본격화된 것은 이때부터라고 볼 수 있다.

신보수주의 세력은 수구 좌파와 수구 우파를 뛰어넘는 탈이념적 실용주의를 통해 대한민국 선진화를 이룩하겠다는 목표를 내걸었다. 노무현 정권 후반기와 이명박 정권 초기의 상황을 보면

진보 오리엔탈리즘을 넘어서

신보수주의를 향한 국민의 지지는 매우 높았다. 그리하여 보수 세력은 2006년 지방선거, 2007년 대선, 2008년 총선에서 진보 세력을 상대로 압도적인 승리를 거두었다. 뉴라이트 운동과 연계된 신보수주의 국가 발전 전략이 국가적 차원의 프로젝트로 추진될 수 있는 여건이 마련된 것이다.

탈이념적 실용주의를 통한 선진화를 내걸었던 것에서 알 수 있듯이 신보수주의 세력은 처음에는 긍정적 통합 전략에 초점을 맞췄다. 이명박 정권은 747 공약에서 나타나듯 발전 국가 시절과 유사한 국가 주도 경제 발전 전략과 기업 친화적인 각종 신자유주의 전략을 혼합한 신보수주의 국가 발전 전략을 구체화하였다.

조희연은 이와 같은 이명박 정권의 성격을 "신자유주의적 경제와 그에 잘 조응하는 신보수 정치"라고 규정하였다.[34] 이와 관련해서 김동춘은 신자유주의 세계화 이후 기업의 생산성 증가와 경쟁력 강화 논리가 기업에 한정되지 않고 모든 사회 영역에 확산되고, 이에 따라 사회가 재조직되고 규율화되는 현상을 '기업사회'라고 규정한 바 있다.[35] 또한 신진욱·이영민은 시장에 관한 이명박 정권의 담론 구조를 분석하면서 시장주의가 특정 지배 계급과 경제적 담론에 국한되는 것이 아니라 전체 국민에게 이익을 가져다줄 수 있는 것으로 사회적으로 인식되고 있다는 점을 밝히면서 이를 '시장포퓰리즘'이라고 개념화했다.[36]

그런데 2008년 촛불집회 이후 긍정적 통합 대신 부정적 통합의 모습이 부각되었다. 2012년 총선과 대선 과정에서 경제 민주화를 위시하여 여러 차원에서 긍정적 통합 전략의 모습을 보여주기도 했지만 이 역시 오래가지 않았다. 한국의 신보수주의 세력은 초기에는 미완의 민주주의 공고화에 따른 대중의 불만에 기대어 탈이념 실용주의와 생활 정치를 내세우고 선진화 담론을 주도하면서 선풍적인 인기를 끌었지만 레토릭 수준을 넘지 못했다. 그 결과 이에 따른 국민적 불만을 만회하기 위하여 부정적 통합 전략을 동원하였다.

이에 대해 고병권은 신자유주의가 국민주의를 강조하지만 실제로는 분할과 배제를 통해서 내부로 포함된 세력에 한해 선별적 포섭 전략을 취한다고 진단한다.[37] 신자유주의는 사회 유동성을 강화하게 되는데 이에 사람들은 혼란을 느끼게 되고 주변 세력이나 비국민으로 배제되는 것에 대한 불안감을 갖게 된다. 그리고 보수 세력은 이 지점을 악용한다. 그래서 그는 '비국민을 양산하는 국민주의' 지배 전략이 나타난다고 주장한다.

이와 비슷한 시각에서 정정훈은 현대 자본주의가 포드주의 축적 체제에서 유연 축적 체제로 변화한 것에 주목하여 배제 현상을 헤게모니 없는 지배라는 개념으로 설명한다.[38] 유연 축적 체제에서는 잉여 노동자가 광범위하게 발생하는데, 지배 세력에게 이들은 과거처럼 포섭과 동의의 대상이 아니라 위험한 세력으로서 배제의 대상이 되었다. 그래서 배제를 통한 안전을 우선시하는 지배 통치 전략이 나오게 된 것이다. 정정훈은 촛불집회 이후 이명박 정권도 이 같은 방식으로 나아가게 되었다고 분석한다.

이와 같은 시각은 박근혜 정권에 대한 평가로도 이어진다. 이동연은 박근혜 정권의 통치 전략을 포퓰리즘, 국민주의, 문화주의 세 가지로 분석한다.[39] 이동연은 우익 포퓰리즘이 익명의 허위의식이 아니라 우익 집단에 의해 구체적으로 형성된 이데올로기라고 규정하고, 국민주의는 배타적 애국주의에 기초하여 행복과 안전을 보장하는 주체인 국가에 대한 복종을 강조하는 것이라고 개념화한다. 그리고 문화주의는 통치를 유연하게 하는 이데올로기로서 기능하는 것으로 평가한다. 이동연의 연구는 지배 전략 분석에서 문화정치적 측면을 부각했다는 점에서 의미가 있다.

김정한은 박근혜 정권의 통치 전략을 헤게모니 없는 배제의 정치라고 규정한다. 김정한은 이명박–박근혜 정권이 자신들의 지지층을 공고히 하고 그 밖을 배제하려고 한다는 점에서는 제숍이 개념화한 '두 국민 프로젝트'와 외형적으로 유사해 보인다고 지적한다. 그러나 두 국민 프로젝트 역시 헤게모니 전략의 하나인데, 이명박–박근혜 정권은 공히 신자유주의적 정책을 추진하면서도 담론정치 차원에서는 과거의 향수에 젖은 경제 성장 담론을 내세우는 모순적 상황에 처해 있기 때문에 헤게모니 창출이 어렵다고 지적한다.[40]

이처럼 이명박–박근혜 정권 시절에 부정적 통합 전략이 노골적으로 강조된 것은 신보수주의 세력의 한계가 그대로 나타났기 때문이다. 대북 문제의 경우 김대중-노무현 정권이 많은 노력을 기울였기 때문에 이명박 정권 이후 조금만 더 진전시켰더라면 해결할 수 있었다. 특히 보수 정권은 대북 협상을 시도해도 진보 정권과 다르게 이념적인 공격을 받지 않기 때문에 과감한 대북 정책을 취하기에 훨씬 유리한 위치에 있다. 그럼에도 신보수 세력은 그와 같은 방향으로 가지 않았다. 또한 국내 경제 문제에 있어서도 경제 성장과 양극화 해소라는 두 가지 목표를 실현하기 위해 정부가 균형감을 가지고 적극적으로 개입해야 하는데 그러한 역할도 하지 않았다. 그러면서 자유민주주의의 기본 질서를 위해하는 각종 조치를 취하며 국민적 반발을 초래하였다.

이미 이명박 정권 때부터 여러 가지 큰 문제점들이 나타나서 2006, 2007, 2008년 선거에서 압도적인 승리를 한 보수 세력이 2010년 지방선거와 2011년 10월 서울시장 재보선에서는 진보 세력에게 패했다. 2012년 총선과 대선에서는 경제 민주화 등을 내세우며 이미지 변신에 성공하여 승리했지만 문제의 본질은 변하지 않았다.

신보수주의 세력은 탈이념을 통한 실용주의와 생활정치, 선진화를 내세웠지만 레토릭에 그쳤고 현실적 성과는 사실상 전무했다. 그리고 이러한 정치적 성과의 빈곤을 덮고 자신들에게 돌아올 책임의 화살을 피하기 위해 부정적 통합 전략에 올인하였다.

진보 오리엔탈리즘을 넘어서

이 같은 배경에서 나온 것이 바로 정치적 상징으로서의 '반노'이고 그 이데올로기가 '반노무현주의'다. 이것이 반노무현주의가 나타나게 된 두 번째 배경 요인이라고 할 수 있다.

반김대중주의와 반노무현주의

'빨갱이'와 호남:

반공주의와 반호남 지역주의 그리고 반김대중주의

—

'반노무현주의'와 '반노' 이전에도 보수 세력이 각 시대의 특성을 반영해 고안해낸 정치적 이데올로기와 정치적 상징이 있었다. 대표적인 이데올로기로는 반공주의와 반김대중주의가 있다. 그리고 반공주의는 '빨갱이' 그리고 반김대중주의는 '빨갱이'와 '반호남'이 결합된 '반DJ'라는 정치적 상징으로 나타났다. 부르디외 Pierre Bourdieu는 문화적 수단을 통해서 지배 계급의 논리가 피지배층에게 자연스럽게 수용되는 것을 '상징 폭력'이라는 개념으로 분석한 바 있다.[41] 그렇게 볼 때 '빨갱이'와 '반DJ' 그리고 앞에서 살펴본 '반노'는 모두 같은 맥락에서 볼 수 있다.

'빨갱이'와 '반DJ'의 역사는 길고 그 파장도 매우 컸다. 물론 '반노'는 그 둘에 비해 지속 기간이 상대적으로 짧다. 다만 절정기의 임팩트는 그 둘에 비견할 만하다. 따라서 이 셋을 거시 역사적 관점에서 비교 분석해보는 것은 의미가 있다.

먼저 반공주의와 관련된 정치적 상징인 '빨갱이'에 대해 살펴보자. 빨갱이 담론은 1948년 여순 사건 이후 나오기 시작했으며,[42] 이것이 확산된 결정적 계기는 한국전쟁이었다. 한국전쟁 이후 군과 경찰 등 국가의 물리적 역량이 비약적으로 강화되었고, 전쟁의 비극이 언제든 재발할 수 있다는 민중의 공포심이 내재화되면서 반공주의가 확산될 수 있는 토대가 형성되었다.

특히 당시에는 죽음의 공포에서 벗어나는 것이 절대적 목표였기 때문에 개인들은 이를 보장해주겠다는 국가에 크게 의지하게 되었다. 그래서 안보와 함께 강조되는 반공주의가 개인의 미시적 영역에까지 개입할 수 있게 된 것이다.[43] 이러한 과정을 통해서 국가는 제도적·이데올로기적 기반을 강화할 수 있었고, 그 결과 강한 안보 국가로 재탄생하게 되었다.

공포와 배제를 의미하는 '빨갱이' 담론은 대한민국 역사상 최초의 부정적 상징이었다고 볼 수 있다. '빨갱이'의 실체는 사실 모호한데, 워낙 무차별적으로 사용되었기 때문이다. 한국전쟁 이전에는 실제 '빨갱이'가 대한민국 내에 상당수 존재했다. 그러나 한국 전쟁 이후에는 거의 사라져서 극소수만이 남았다. 실제 '빨갱이'는 사실상 거의 소멸된 상태라고 해도 무방하다.

그러나 전쟁 이후 정치사회 담론을 보면 '빨갱이'는 사용 빈도 수에 있어서 최상위에 들 것이다. 이처럼 빨갱이 담론의 사용 빈도와 실재 빨갱이 존재감 사이의 괴리가 심한데, 이는 빨갱이 담론이 정치적 반대 세력을 향한 공세 차원에서 무차별적으로 사용되었다는 것을 의미한다.

이와 같은 빨갱이 담론은 분단의 시작, 전쟁, 분단의 고착화 등 남북한 대치가 극심해지는 1940년대 말과 1950년대에 형성되었다. 그리고 권위주의적 산업화가 추진되던 1960~1980년대의 군사 독재 정권 시절에는 발전 담론과 결부되어 매우 큰 영향을 주었다. 그리고 1987년 민주화 이후에도 지속적으로 영향을 주고 있다. 이렇듯 빨갱이 담론의 역사는 매우 길다.

그런데 '빨갱이'는 어감이 거칠기 때문에 스타일을 따지는 정치인과 지식인 사이에서는 자주 사용되지 않는다. 물론 그러한 것을 신경 쓰지 않는 격정적 행동주의자들은 아직도 빨갱이 담론을 사용하긴 하지만 요즘에는 '빨갱이'와 유사한 의미를 담고 있는 '종북'이라는 담론이 주로 사용된다. 그렇게 볼 때 빨갱이 담론의 위력은 아직까지도 매우 강력하게 남아 있다고 볼 수 있다.

다음으로 '반김대중주의'와 '반DJ'에 대해 살펴보자. 반김대중

진보 오리엔탈리즘을 넘어서

주의는 1970년대 박정희 정권 중·후반부와 전두환 정권 시절 형성된 이데올로기다. 이 시기에는 권위주의 산업화가 추진되었고 한편으로 이에 대한 저항이 본격화되었다. 이 같은 상황에서 보수 세력이 민주화 운동 세력의 정치적 도전을 억누르기 위한 목적에서 고안해낸 것이 이데올로기로서의 '반김대중주의'와 정치적 상징인 '반DJ'이다.

박정희 정권은 국가 주도 산업화를 추진하여 '보릿고개'로 상징되는 절대 빈곤의 문제를 해결하고 급격한 경제 성장을 이룩하였다. 그래서 전쟁 이후 가난과 절망에 신음하던 당시 민중의 열망에 일정 정도 부응할 수 있었다. 그 결과 재벌을 필두로 한 자본가 계급, 성장의 수혜를 받은 중산층 및 일부 노동자, 새마을운동으로 동원된 농민 등으로 구성된 발전주의 지배 동맹이 형성되어 박정희 정권의 사회적 지지 기반을 이뤘다.[44]

또한 이승만 정권에 비해 박정희 정권은 군, 경찰, 정보기관 등 국가기구를 통한 억압적 물리력 사용과 통치 담론의 생산 및 적용 등 이데올로기적 측면에서도 훨씬 효과적인 통치 기술을 활용하였다.[45] 만Michael Mann은 시민사회에 대해 억압적 성격만을 띠는 권력을 전제적 권력despotic power으로, 시민사회에 침투하여 정책을 실행할 능력을 갖춘 권력을 하부구조적 권력infrastructural power으로 구분한다.[46] 경제 성장과 관련한 박정희 정권 시기의 국가는 후자에 부합하는데, 한국전쟁과 박정희식 근대화 정책을 통해 한국은

법, 시장, 제도 등의 거시적 영역에서 정치 문화, 관습적 태도 등 미시적인 영역에 이르기까지 질적인 변화가 나타나게 되었다.

그러나 박정희식 경제 발전 전략은 두 가지 측면에서 한계가 있었다. 첫째, 불균등 발전 전략이었기 때문에 성장과 개발에서 차별이 나타났다. 대다수 농민, 저임금 노동자, 호남 지역 등이 개발에서 소외되었다. 둘째, 수직하향식 통치 체제 속에서 민주주의와 자유주의가 억압되어 학생과 지식인층이 반발하였다. 그래서 이들에 의한 저항 운동이 1970년대 들어서면서 본격화되었다. 이에 대해 보수 세력은 과거와 다른 전략을 내세우게 되었다.

하나는 반공주의의 내용을 업그레이드하는 방식이었다. 당시 보수 세력은 '발전 대 퇴행' '안정 대 불안' '전진 대 중단'이라는 이분법적 프레임을 강조하면서 자신들의 경제 발전 전략을 합리화하였다. 그러면서 반공은 그것의 목표이자 동기로서 강조되었다. 이승만 정권 시절 안보 국가의 반공이 공포와 순응만을 강조했다면, 박정희 정권 시절 발전 국가의 반공주의는 공포/순응에다 성장·발전/퇴행이라는 측면이 새롭게 부각되었다. 이는 고도성장에 따른 보수 진영의 자신감이 반영된 것이기도 했다. 그리하여 한국전쟁을 통해서 강력한 지배 이데올로기가 된 반공주의와 박정희식 근대화 전략을 통해서 뿌리내린 성장주의·발전주의는 한국의 보수적 지배 이데올로기의 근간이 되었다.[47]

그다음은 '반호남'이다. 업그레이드된 반공주의는 상당한 위력을 발휘했지만 1970년대 들어서면서 대중적 차원의 저항이 전과 다르게 확산되었다. 그러한 와중에 1971년 7대 대선을 통해서 야권의 새로운 리더로 김대중이 등장했다. 김대중은 4대국 안전보장론, 3단계 통일론, 대중민주체제론, 대중경제론 등을 주장하며 이승만-박정희로 이어지는 보수적 국가 발전 전략을 대체하는 새로운 근대화 전략을 내세웠다. 또한 김대중은 대중 정치력이 뛰어났다. 그래서 야당 내 비주류였음에도 1970년 신민당 대선 후보 경선에서 승리할 수 있었고, 시민사회에서도 영향력이 강했다.

이에 대한 대응으로 나온 것이 지역감정 조장이었다. 1971년 7대 대선에서 김대중 후보의 도전을 받게 되자 당시 이효상 국회의장은 지역감정을 조장하였다. 이효상의 발언은 처음으로 지역주의를 정치적으로 동원한 것이었다. 그리고 1980년 5월 광주 항쟁을 잔혹하게 진압한 것도 이와 관련이 있다. 호남 지역은 산업화 과정에서 소외된 대표적인 곳인데, 이것이 정치·사회적 배제로 확장된 것이다. 그 후 반호남 지역주의는 1987년 민주화 이후 정치적 균열을 초래하는 핵심 요인이 되었다. 1990년 3당 합당이 대표적인 사건이다.

그렇다면 1987년 민주화 이후 반호남 지역주의가 오히려 확산된 이유는 무엇일까? 이는 권위주의 세력의 지배 전략이 변했기 때문이다. 한국 민주주의를 위협하는 군부의 정치 개입은 권위주의 세력이 동원할 수 있는 가장 강력한 수단이었다. 1960년 4·19 혁명 이후 1961년 5·16 군사 쿠데타가 발생하였고, 1980년 광주 항쟁에도 군사력을 통한 무력 진압이 동원되었다. 그런데 1987년 6월 항쟁 당시에는 군부 권위주의 세력이 군사력을 동원한 무력 진압에 나서지 못했다. 당시 전두환 대통령은 1980년 광주에서처 럼 6월 항쟁에 대한 무력 진압을 고려했으나 미국의 만류로 하지 못했다.[48] 무력 진압에 따른 문제를 감당하기 힘들다고 판단했기 때문이다. 이런 상황에서 6월 항쟁으로 직선제 개헌이 이뤄지면 서 보수 세력은 새로운 헤게모니 전략의 필요성을 절감했다고 볼 수 있다.

기존 권위주의 정권은 물리적 폭력과 헤게모니 전략 두 가지를 동시에 사용했는데, 1987년 민주화 이후 헤게모니 전략의 필요성 이 더욱 강조되었다. 사실 지배와 통치의 수단으로서 폭력과 같 은 억압적 물리력은 피지배층의 진정한 지지와 동의를 이끌어내 기 힘들다는 점에서 효과적이지 못하다.[49] 그래서 억압적 물리력 에 대한 의존이 줄어드는 것과 비례해 헤게모니 전략의 중요성은 더욱 강조된다. 이러한 역사적 맥락에서 보수 세력은 반공주의와 유사하게 특정 대상에 대한 배제를 유도하는 반호남 지역주의를 추가로 동원하였다.[50] 그리고 이는 매우 큰 영향력을 발휘하였다.

보수 세력이 동원한 반호남 지역주의가 위력을 발휘할 수 있 었던 배경은 무엇일까? 이는 산업화 과정에서 나타난 호남 배제

진보 오리엔탈리즘을 넘어서

와 호남 소외라는 사회적 현상과 관련이 있다. 지역에 대한 편견은 1950년대에도 존재했다. 그러나 당시에는 서울 사람들이 전쟁 이후 서울에 거주하게 된 타 지역 사람들 전체에게 갖는 감정이었다. 호남 문제가 불거진 것은 1960년대 이후부터다. 박상훈은 1960~1970년대 산업화 당시 서울로 대거 이동한 호남민들과 그 자리를 놓고 경쟁한 토착민들, 충청인들 사이의 갈등에서 반호남 지역주의의 사회적 단초가 형성되었다고 판단한다.[51]

호남민들의 대거 이동은 산업화 전략과 관련이 깊다. 박정희 정권은 수출 중심의 경제 발전 전략을 세웠는데, 당시 우리는 기술력이 낮았기 때문에 가격 경쟁력을 강조했다. 그러려면 대규모 저임금 노동자의 존재가 필수적이었다. 그래서 당시 농촌 지역에 많았던 유휴 인력을 노동자로 유인하고, 저임금을 유지하기 위해 저곡가 정책을 추진하였다. 이것이 당시 호남민들이 대규모로 고향을 떠나게 된 근본 이유다.

당시 경제 개발이 서울과 부산의 경부 라인을 중심으로 이뤄졌기 때문에 호남 사람들은 대부분 서울로 갔고 일부는 영남 지역으로 이동했다. 그에 비해 영남 지역 사람들은 대부분 영남 내 개발 지역으로 갔고 일부만 서울로 갔다. 이렇게 1960년대부터 호남민들이 서울로 몰리면서 지역 갈등의 사회적 배경이 형성되었다. 이러한 배경하에 1971년 7대 대선 과정에서 정치적 동원 논리로 처음 제시된 지역주의는 1980년 광주 항쟁에 대한 잔혹한 진압을 통해 반호남 지역주의로 심화되었다. 그리고 반호남 지역주의가 1987년 민주화 이후 보수 세력의 헤게모니 전략으로 본격 동원됨으로써 정치·사회적으로 확산된 것이다.

이와 같은 역사적 기원을 갖는 반호남 지역주의는 반공주의와 그 성격이 유사하다. 보수 세력은 반공주의와 관련된 상징인 '빨갱이' 담론을 통해 진보 세력을 폭력성, 잔인성, 표리부동한 이중적 속성 등 여러 부정적인 개념과 결부시켜 이미지화한다. 이는 반호남 지역주의에서도 동일하게 나타나 '호남'을 부정적으로 이미지화한다. 그래서 '빨갱이'처럼 '호남' 역시 배제의 대상으로서 가까이 하면 안 되는 존재인 것처럼 몰아간다.

또한 '반호남'은 산업화 과정에서 물질적 혜택을 받은 자들의 안정 심리를 자극한다. 호남 출신들이 주로 저임금 노동자가 되었기 때문에 지역 문제는 계급 문제와 일정 정도 연결되었다. 그리고 호남 지역 자체가 개발에서 소외되었기 때문에 출향 호남민, 호남 거주민 가릴 것 없이 호남은 산업화의 물질적 혜택으로부터 배제된 상태였다. 이것이 1987년 민주화 이후 중산층 사이에서 상당 기간 동안 나타났던 반호남 정서의 근본 원인이다.

이렇듯 '반호남'은 1987년 6월 항쟁으로 민주화가 이뤄지면서 헤게모니 전략의 필요성을 더욱 강하게 느끼게 된 보수 세력이 동원한 정치적 상징이다. 그리고 이 같은 반호남 지역주의는 기존의 반공주의와 결합하여 '반김대중주의'가 되었다. 앞에서 살펴

진보 오리엔탈리즘을 넘어서

보았듯이 보수 세력은 1987년 6월 항쟁이라는 거대한 도전에 직면하여 기존의 반공주의에다 반호남 지역주의를 새롭게 추가하였다. 그리고 당시 김대중은 보수 세력의 가장 강력한 정치적 라이벌이었으며 용공과 호남이라는 보수 세력이 고안한 두 가지 부정적 상징과 관련된 정치인이었다. 그렇게 반공과 반호남이 결합되어 '반DJ'가 되었다. 반DJ 정서는 반공과 반호남을 축으로 거짓말, 배신, 음흉함, 폭력성, 박탈감 등 부정적 프레임을 형성하는 보수 지배 세력의 통치 담론이자 상징이었다.

'반DJ'는 인물이 정치적 상징이 되었다는 점에서 특징적이다. 정치적 라이벌에 대한 견제와 탄압은 흔히 있는 일인데, 특정 정치인을 상대로 이토록 장기간에 걸쳐 강도 높은 배제를 시도한 경우는 김대중이 처음이었다. 그 이유는 김대중이 군사 독재 정권하에서 여러 번의 죽을 고비를 넘기며 구사일생으로 살아남았다는 점과 관련이 있다. 과거 독재 정권은 정치적 반대 인물을 정치적 테러를 통해 제거하거나 조봉암처럼 형식적이나마 법적인 근거를 통해 제거하곤 했다. 그런데 김대중은 두 가지 방법으로 모두 죽음의 문턱까지 갔지만 결국 살아남았고, 이러한 극단적인 정치적 탄압은 김대중의 정치적 생명력과 영향력을 강화시켰다. 이처럼 김대중을 물리적으로 제거하지 못하게 되자 보수 세력은 헤게모니 전략의 일환으로서 '반DJ'라는 정치적 상징을 내세우며 부정적 통합 전략에 나선 것이다.

정치적 상징인 '반DJ'가 동원되는 맥락과 역사적 상황을 종합해볼 때 '반김대중주의'는 다음과 같이 정의할 수 있다. 지정학적으로 북한을 중심으로 한 공산주의 세력과 대립하고 있던 한국의 권위주의 정권은 경제 발전과 안보를 위해 국민 총동원 체제를 구축하려고 했다. 그런데 권위주의 세력은 민주화 운동 세력이 민주주의와 평화라는 나약한 가치를 유포시켜 사회를 이완시키고 국가와 국민을 위험에 빠뜨린다고 인식했다. 그래서 '반김대중주의'는 당시 한국의 여건에서 볼 때 위험한 민주주의와 평화라는 가치를 유포하여 경제 발전을 가로막아 안보와 생존을 위협에 빠뜨리는 진보 세력의 정치 이데올로기를 지칭한다. 아울러 '반김대중주의'는 발전을 통한 생존은 보수 세력만이 해낼 수 있다는 메시지를 내포하고 있다.

'반DJ'와 '반노'의 공통점과 차이점은 무엇인가?

—

앞에서 정치적 상징으로서의 '반DJ'와 이데올로기로서의 '반김대중주의'를 살펴보았다. 지금부터는 '반DJ' '반김대중주의'를 '반노' '반노무현주의'와 비교해 둘의 공통점과 차이점을 알아보려고 한다.

먼저 공통점을 살펴보자. 둘은 보수 진영의 헤게모니 프로젝트인 부정적 통합 전략의 대상으로 동원되었다는 점에서 같다. 그

러한 대상이 되기 위해서는 다음의 여섯 가지 조건을 충족해야
한다. 첫째, 인지도가 높아야 한다. 둘째, 해당 대상이 전체에서
볼 때 소수여야 한다. 셋째, 조건반사적인 부정적 의식을 촉발시
켜야 한다. 넷째, 적대적 대립 의식을 고취시키는 것이 부정적 통
합 전략의 기본 목적이기 때문에 해당 대상을 비인격화·비인간
화할 수 있어야 한다. 다섯째, 사람들이 그와 같은 적개심을 갖는
데 부담을 느끼지 않도록 하기 위하여 심리적 저지선을 무너뜨릴
수 있는 다양한 근거를 마련할 수 있어야 한다. 여섯째, 이와 같
은 동원이 성공할 경우 정치적 지배력을 확보할 수 있을 정도의
파급력을 갖는 사안이어야 한다.

　김대중, 노무현은 이런 여러 조건에 공히 해당되었다. 따라서
'반DJ'와 '반김대중주의', '반노'와 '반노무현주의' 모두 보수 세
력이 정치적 동원의 수단으로 삼기에 유리한 요소가 있었다.

　대중 매체의 발달이 정치적 상징인 '반DJ'와 '반노'의 효과를
강화시켰다는 점도 유념할 필요가 있다. 에델만Murray Edelman은 대
중 매체의 발달로 인하여 정치적 상징의 중요성이 새롭게 부각되
었다고 진단한 바 있다.[52] '반DJ'가 확산되던 시기에는 신문, 잡지
와 같은 종이 매체와 라디오가 중심이었으며 텔레비전의 보급이
본격화되었다. 《동교동 24시》와 같은 책자의 영향력이 크게 나타
났던 것은 당시의 상황을 반영한다. 그에 비해 '반노'의 확산에는
기존의 매체에 더해 인터넷과 각종 SNS까지 영향을 주었다. 두

대상은 다양한 방식으로 형상화되어 보수 세력의 부정적 통합 전략의 수단으로 활용되었다.

다음으로 둘의 차이점을 살펴보자. '반DJ'와 '반노'는 적대 의식과 불안 심리를 자극한다는 점에서 같다. 그런데 좀 더 세부적으로 들어가면 각 대상이 상징하는 바가 다르다. 김대중은 공포의 대상으로 형상화되면서 적대 의식과 불안 심리를 자극한다면, 노무현은 모멸감의 대상으로 형상화되면서 적대 의식과 불안 심리를 자극한다. 이는 김대중은 권위적 대상, 노무현은 무권위적 대상으로 형상화되는 것과 연관되어 있다.

김대중이 공포의 대상으로 형상화된 이유는 그 당시 반공주의의 성격과 관련이 있다. 당시 반공주의는 공포의 대상인 북한 및 공산주의 체제로부터 국민의 생존과 안전을 지키기 위한 가치로서 강조되었다. 북한은 1950년 6월 25일 기습 남침으로 전쟁을 일으켰고 1968년 1·21 사태, 1976년 도끼 만행 사건, 1983년 아웅산 테러 등 호전적인 도발 행위를 지속하였다. 소련을 중심으로 한 국제 공산주의 세력도 마찬가지였다. 이들은 1950년 북한의 남침에 도움을 주었으며, 소련은 1983년 9월 대한항공 여객기를 격추하기도 했다.

이처럼 동북아 지역은 미소 냉전에 의한 군사적 긴장이 심했고 한국은 호전적인 북한과 군사적으로 첨예하게 대립하고 있었기 때문에 한국에서 반공주의는 매우 강력한 위력을 발휘했다. 당시

진보 오리엔탈리즘을 넘어서

보수 세력이 '김대중＝용공 세력'이라고 규정하고 오랜 기간 공세를 펼친 탓에 김대중은 생존과 안전에 위협을 주는 공포스러운 존재로 형상화되었다.

반면 노무현은 공포의 대상으로 형상화되지 않는다. 노무현은 '놈현' '노알라' 등의 표현에서 보듯 우스꽝스럽고 어딘가 부족해 보이는 비하의 대상으로 형상화된다. 또한 '사이코'처럼 직접적으로 노무현을 경멸하고 폄훼하는 유의 공격이 많이 나타난다. 그러면 위와 같은 정치적 메시지를 담고 있는 '반노'가 대중적 차원에서 통한다는 것은 무엇을 뜻하는가? 또 그것은 어떻게 가능했을까?

사람들은 주류에 소외감을 느끼면서 동시에 주류를 동경하는 이중적인 심리를 갖고 있다. 그래서 보통 사람들은 정치 지도자가 자신과 동일한 서민 정체성을 갖고 있기를 바라면서 다른 한편으로는 비범한 능력도 갖고 있기를 바란다. 이는 대단히 모순적이다. 그런데 노무현의 경우 친서민적 아비투스habitus가 너무 강렬했다. 그의 비극적 서거 이후 그의 소탈하고 서민적인 풍모에 사람들이 공감하고 있지만, 한편으로는 그러한 특징 때문에 정치적 상징으로서 '노무현'이 경멸의 대상이 되기도 하였다.

노무현은 사법시험에 합격하여 변호사, 국회의원, 장관, 대통령까지 한 성공한 엘리트다. 물론 그는 서민 출신이지만 토지 개혁과 한국전쟁의 영향으로 산업화 이전 한국 사회는 하향 평준화된 상태였기 때문에 그가 서민 출신이라는 점은 특별한 의미를 부여하기 힘들다. 물론 비주류 엘리트였던 그가 주류 엘리트에 비해 힘든 과정을 거친 것은 사실이다. 그러나 그가 국회의원과 장관을 거쳐 대통령까지 한 성공한 엘리트 정치인이라는 사실에는 변함이 없다. 물론 노무현처럼 서민 출신으로서 성공한 정치 엘리트는 많다. 하지만 정치 지도자급 인사 중에서 노무현은 서민적 아비투스가 제일 강했던 인물이다. 그리고 결과적으로 그러한 요인이 그가 희화화의 대상이 되는 데 결정적인 영향을 준 것이다.

희화화는 공포, 부정, 혐오 등과 함께 대상에 대한 부정적 인식을 유포하기 위해 동원되는 방식의 하나이다. 김대중도 희화화의 대상이 되었는데, 그 맥락이 노무현과는 다르다. 김대중의 경우는 다리가 불편하여 지팡이를 사용한다는 신체적 약점을 희화화의 소재로 삼았다. 이는 조롱을 통해 김대중의 권위를 해체하고 약화시키려는 목적이다. 그런데 노무현에 대한 희화화는 노무현이 처음부터 권위가 없었다는 사실을 비아냥대고 폄훼하기 위한 것으로, 그 소재는 주로 그의 언행이었다. 노무현에 대한 희화화는 '어떻게 저런 인물이 대통령까지 될 수 있나? 창피하다'라는 반응을 유도하는 것이 목적이었다. 김대중에 대한 희화화는 김대중의 권위 해체 및 약화가 목적이었다면 노무현에 대한 희화화는 노무현의 무권위를 폄훼하는 데 있었던 것이다.

정리해보면 정치적 상징으로서 김대중은 위협감을 주는 무서

진보 오리엔탈리즘을 넘어서

운 대상으로 형상화되었다. 그리고 김대중이 상징하는 공포는 불안감을 유발하여 사람들이 적대감을 느끼게 만든다. 반면 정치적 상징으로서 노무현은 모멸감을 주는 열등한 대상으로 형상화되었다. 노무현이 상징하는 무모함은 불안감을 유발하여 사람들이 적대감을 느끼게 만든다. 이것이 '반DJ'와 '반노'의 차이다.

이러한 차이는 구보수 세력과 신보수 세력이 처한 역사적 상황의 차이에도 기인한다. 구보수 세력은 '근대화=발전=성장' 전략을 내세우며 이에 반대하는 민주화 운동 세력을 생존 위협 세력으로 규정하였다. 이는 삶과 죽음이라는 절대적 차원의 이분법적 의식을 강요하는 것이다. 그래서 반김대중주의에는 본능적으로 공포로부터 회피하려는 심리가 반영되어 있다. 반면 신보수주의 세력은 선진화를 내세우며 이에 대립하는 진보 세력을 열등한 세력으로 규정하였다. 그래서 반노무현주의에는 열등의식으로부터 탈출하고자 하는 심리가 반영되어 있다.

또 다른 차이점을 언급하자면, '반DJ'에는 반호남이라는 지역적 성격이 매우 뚜렷한 데 반해 '반노'에는 지역적 성격보다 계급·세대의 특성이 두드러지게 나타난다. 2012년 대선 패배 이후 2013년 민주통합당이 조사·발표한 자료에 따르면 2002년에서 2012년 사이 노년층, 하층 계급에서 지지층 이탈이 많았다.[53] 이처럼 사회인구학적 측면에서도 '반DJ'와 '반노' 사이의 차이를 확인할 수 있다.

'반노' 담론의 문제점은 무엇인가?

—

그렇다면 '반노'에는 어떤 문제가 있을까? 정치적 상징으로서 '노무현'과 '친노'는 광의의 친노를 뜻하므로 민주화 운동 세력 일반을 포괄한다. 이 부분에 초점을 맞춰 다음 두 가지 문제점에 대해 살펴보려고 한다. 첫째, 대상이 한정되어 있는 협의의 친노와 달리 광의의 친노는 대상을 구분하는 것이 쉽지 않다. 한 예로 노동 문제 전문가로서 19대 국회의원을 지낸 더불어민주당의 은수미 전 의원은 친노 인사로 구분되는데 그가 친노 인사로 구분되는 이유는 단순히 운동권 출신이기 때문이다. 그런데 이런 기준을 적용하면 친노 인사를 찾기보다 친노 인사가 아닌 사람을 찾는 편이 더 쉬워진다. 현재 진보로 구분되는 인물들 중에 운동권 출신과 연계되지 않은 경우가 드물기 때문이다.

민주화 운동 과정이 장기간에 걸쳐 이뤄졌기 때문에 여기서 형성된 인맥은 여러 분야에 광범위하게 퍼져 있다. 그래서 진보 세력 내에서 이들의 영향력은 매우 크다. 따라서 광의의 친노 개념으로 친노를 구분할 경우 자신도 모르게 친노로 구분되는 사람들이 매우 많아진다. 그렇다 보니 친노로 구분되는 정치인이 자신은 친노가 아니라며 자신이 친노로 구분될 수 없는 이유를 설명하는 웃지 못할 일이 발생하곤 한다. 결국 '반노' 담론은 사실상 민주화 운동 세력인 진보 세력 전체를 타깃으로 하는 것이다.

이와 같은 범주의 확산은 정치 세력을 지칭할 때뿐 아니라 정치적 가치 및 의미와 관련된 영역에서도 나타난다. 정치적·역사적 인물로서 노무현은 김대중이 새롭게 개척한 민주주의 확산, 한반도 평화, 생산적 복지 등 3대 분야의 업적을 계승하였다. 또한 노무현은 독자적으로 탈권위주의, 자주 국방, 지방 분권 확대, 과감한 과거사 청산 등의 역사적 업적을 남겼다. 노무현 정권은 김영삼 정권, 김대중 정권을 이어 1987년 민주화 이후 민주주의 공고화 단계에서 수행해야 하는 주요한 역사적 과제를 실천했다고 평가할 수 있다.

노무현 정권은 김대중 정권과 더불어 보수에 대항해 진보 진영이 수립한 정권이기도 하다. 보수 세력은 김대중-노무현 정권을 함께 묶어서 좌파 정권 10년이라고 규정하며 '잃어버린 10년'이라고 부정적으로 평가한다. 보수 세력이 '반노무현'을 강조할 때에는 김대중과 노무현을 분리하여 김대중은 인정하고 노무현만 부정하는 것이 아니다. 실제 친노 담론은 '종북' '포퓰리즘' 등 다양한 부정어와 결부되어 사용된다. 그런데 이는 김대중 정부의 대북 포용 정책, 복지 확대 및 정치적 자유주의 등 기존 민주화 운동 세력의 역사적 가치를 폄훼하는 것이다. 따라서 반노, 즉 친노에 대한 부정적 프레임은 단지 노무현에 한정된 개념이 아니라 김대중을 비롯해 민주화 운동 세력 일반을 아우르는 개념이라는 사실에 유의해야 한다.

'반노' 담론의 두 번째 문제는 이렇게 개념이 확장되어버릴 경우 정치적 실체가 모호해져 제대로 정치적 평가를 하기가 힘들어진다는 점이다. 20대 총선을 앞둔 2016년 3월 14일 이해찬 의원이 더불어민주당 공천 과정에서 정무적 판단에 의해 컷오프된 것도 이와 관련이 있다. 이해찬 의원은 객관적 지표에 의하면 컷오프될 이유가 없었으나 '친노 좌장'이라고 불리는 그의 정치적 위상 때문에 컷오프된 것이었다.

당시 더불어민주당 공천 과정에서는 이해찬 의원 외에도 친노로 구분되던 여러 정치인이 컷오프되었다. 그런데 막상 컷오프된 이후에는 이들의 정치적 족보를 일일이 따져가며 컷오프된 정치인들이 사실은 친노 핵심이 아니라고 주장하면서 친노 패권주의가 여전하다는 주장이 나왔다. '친노'라는 이유로 컷오프된 것에 대해 친노 지지층은 거세게 반발했는데, 동시에 반대편에서는 여전히 미흡하고 본질에 근접하지 않았다는 주장이 나왔다. 같은 사안을 두고 왜 이렇게 극단적인 해석의 차이가 발생했을까? 이유는 간단하다. 친노의 정의가 명확하지 않기 때문이다.

개념을 정의하는 일의 핵심은 경계선을 설정하는 것이다. 엄격히 설정된 경계선 안과 밖은 다르게 구분되어야 한다. 그런데 현실에서는 명확한 기준 없이 사용되는 개념이 많다. 가령 대중적으로 널리 사용되는 용어 가운데 '중산층'이 있는데, 중산층이라고 범주화할 수 있는 명확한 기준을 제시하지 않은 채 대충 감으

진보 오리엔탈리즘을 넘어서

로 대상의 계급적 지위를 구분하는 경우가 많다. 개인의 계급적 지위를 정확히 규정하려면 소득 수준이나 자산 규모처럼 사회적으로 합의된 기준선이 있어야 하는데 실제로는 그렇지 못한 것이다.

경계선 설정이 제대로 이뤄지지 않으면 그것은 개념으로서 적절하지 못하다. 경계선을 설정하는 이유는 해석하는 사람들의 자의적 판단을 제거하여 보편적 합의를 도출하기 위함이다. 경계선이 명확하지 않으면 속칭 고무줄 잣대가 그것을 대신하게 되는데, 그러면 해당 개념은 보편성과 객관성을 담보하기 어려워진다. 이런 상황에서 해당 개념(담론)이 정치적 공세의 수단으로 활용된다면 문제는 더욱 심각해진다.

명확하지 않은 대상을 두고 벌어지는 정치적 논쟁은 상호 감정만 악화시킬 뿐 생산적 결과를 낳지 못한다. 현재 친노 담론의 정치화 과정이 이러한 양상을 보이고 있다. 친노/반노 담론이 전개되고 통용되는 방식을 보면 이것이 진보 세력에 부정적 영향을 끼치고 있음을 알 수 있는데, 이 역시 진보 오리엔탈리즘에 의해 나타난 현상이다.

민주당 계열 정당은
무엇을 잘못했는가

3장에서는 진보 오리엔탈리즘의 형성 원인으로서 민주당 계열 정당의 적극 지지층과 정치 세력 사이의 수직적 분화에 대해 살펴본다. 반노와 탈호남을 중핵으로 하는 진보 오리엔탈리즘은 보수 세력의 정치적 공세와 음모에 의해 형성된 것만은 아니다. 민주당 세력도 의도하지는 않았지만 진보 오리엔탈리즘의 형성과 강화에 상당한 영향을 미쳤다. 이와 같은 문제의식에 기초하여 이번 장에서는 민주당 세력 내부에서 진보 오리엔탈리즘을 받아들여 스스로 역량을 약화시키고 궁극적으로 진보적 헤게모니를 해체하는 과정을 분석한다.

진보 오리엔탈리즘을 강화하는 친노와 반노

친노, 헤게모니 없는 다수파로서의 한계

—

친노는 더불어민주당의 중심 세력이다. 새정치민주연합이 분당될 당시 반노 세력 대부분과 비노 세력 상당수가 국민의당으로 이동하였기 때문에 더불어민주당 내에서는 광의의 친노는 말할 것도 없고 협의의 친노 세력 역시 다른 세력에 비해 우세한 상황이다. 2007년 대선 패배 이후 폐족이라는 말이 나올 정도로 친노의 정치적 위상이 추락했던 것을 생각해보면 지금의 모습은 상전 벽해와 같다.

그런데 대부분 친노의 정치적 부활에 대해서만 관심을 가질

뿐 친노 세력이 진보 오리엔탈리즘의 확산에 상당한 영향을 주었다는 사실은 잘 모른다. 물론 친노 세력은 진보 오리엔탈리즘의 확산을 의도하지 않았다. 그러나 친노 세력의 여러 정치적 오류는 진보 오리엔탈리즘을 강화하는 데 영향을 주었다. 특히 '반노'가 진보 오리엔탈리즘의 핵심적인 정치적 상징이라는 점을 고려해볼 때 친노 세력에게는 이러한 주장이 상당히 당혹스러울 수 있다.

그러면 친노 세력은 진보 오리엔탈리즘의 형성에 어떠한 영향을 주었을까? 이는 헤게모니 없는 다수파라는 친노 세력의 한계와 밀접한 연관이 있다. 친노와 곧잘 결합되는 부정어 중 하나인 '패권주의' 담론과 관련지어 이를 분석해볼 수 있는데, 이에 대한 이해를 높이기 위해서 먼저 친노와 결합되어 친노에 대한 부정적 프레임을 형성하는 세 가지 표현부터 살펴보자.

첫 번째는 '종북'이다. 북한과 군사적으로 첨예하게 대치하고 있는 우리 여건에서 종북은 사회적 통념에서부터 법적인 차원에 이르기까지 큰 문제를 초래할 수 있다. 그러므로 종북이라고 규정하려면 매우 신중해야만 한다. 그런데 친노 세력에 대한 정치 공세 차원에서 '친노종북'이라는 표현이 무차별적으로 사용되고 있다. 이를 통해 친노 세력을 이념적으로 경직되고 편향되며 안보를 등한시하는 세력으로 몰아가려고 한다.

두 번째는 '운동권'과 '강경파'이다. 서로 비슷한 의미를 내포

진보 오리엔탈리즘을 넘어서

하고 있는 운동권과 강경파는 종북처럼 용어 자체가 부정적 의미를 지니고 있는 것은 아니다. 그런데 두 단어가 친노와 결합되어 '친노 강경파' '친노 운동권'처럼 사용되면 부정적인 색채가 뚜렷해진다. 친노 강경파, 친노 운동권 등의 표현은 두 가지 측면에서 부정적인 인상을 준다. 이념적으로 경직되고 시대착오적이라는 점, 그리고 언행이 거칠고 대안도 없이 투쟁 일변도라는 점이다.

세 번째가 여기서 살펴볼 '패권주의'다. 친노 패권주의는 민주당 계열 정당의 문제점을 다룰 때마다 빠지지 않고 언급될 만큼 매우 빈번하게 사용되고 있다. 그런데 일반적으로 패권주의 담론은 본래 의미와 그 실재를 넘어서 광범위하고 무차별적으로 사용되는 경향이 있다. 이러한 문제는 친노 패권주의에서도 동일하게 나타난다. 친노 패권주의 자체는 실재하지만, 정치적 논쟁 과정에서 통용되는 친노 패권주의 담론은 현실을 매우 과장하고 있다.

이를 분석하기 위해서는 우선 패권주의의 정확한 의미와 그 형성 메커니즘을 살펴봐야 한다. '패권주의'는 과거 냉전 시대 중국이 강력한 군사력으로 세계를 지배하려는 미·소 양국의 대외 정책을 비판하기 위해 사용한 용어였다. 지금은 일상생활에서도 널리 쓸 정도로 그 의미가 확장되어 복수의 주체 사이에서 우월한 위치에 있는 세력이 상대를 힘으로 제압하려는 태도 일반을 가리킨다. 패권주의는 힘의 우위에 바탕을 둔 강압적 태도를 뜻하기 때문에 대체로 부정적인 의미로 사용된다.

  그러면 정당 내에서 패권주의는 어떠한 조건에서 나타날까? 정치의 고유 업무 중 하나는 세력을 모으는 일이고, 더 많은 세력을 모으는 쪽이 당의 지배권을 차지하고 정권도 잡게 된다. 그래서 특정인과 집단이 세력 확장을 시도하고 그 과정에서 지배 세력이 나타나는 것은 바람직하고 당연한 일이다.

  그런데 다수파가 존재한다고 해서 이것이 패권주의로 귀결되는 것은 아니다. 다수파는 정치·사회적 자원 동원 능력에 있어서 상대보다 유리한 위치에 있다. 그래서 도덕적 호소, 경제적 인센티브 제공, 공포심 자극 등 각종 전략을 통해 사람들의 자발적 동의를 획득하여 헤게모니 지배를 구축하는 데 유리하다. 이 같은 헤게모니 지배는 지배 세력 입장에서 볼 때 가장 이상적인 지배 형태이다.

  그런데 헤게모니 지배는 지배 분파의 정치적 지도력에 좌우되는 바가 크기 때문에 항상 나타나는 현상은 아니다. 정치적 역학 관계 속에서 다수파와 지배 분파는 항상 존재하지만 이들이 모두 헤게모니 지배를 할 수 있는 것은 아니라는 뜻이다. 바로 이와 같은 상황에서 패권주의가 나타나게 된다. 다수파가 헤게모니 지도력을 갖지 못한 상황에서 정치적 지배를 시도할 때 패권주의 행태라는 비판이 따라붙는다. 이렇게 볼 때 친노 패권주의 자체는 실재하는 현상이다. 왜냐하면 그들은 헤게모니 없는 다수파라는

진보 오리엔탈리즘을 넘어서

한계를 갖고 있기 때문이다.

이와 같은 친노의 한계는 정치적 리더십의 약화로 이어진다. 정치적 리더십의 약화는 여러 문제점을 초래하고, 이것이 복구되지 않으면 새로운 리더십으로 교체해 문제를 해결하는 것이 순리다. 그런데 민주당 계열 정당에는 친노를 대체할 만한 세력이 마땅히 존재하지 않았고 그러한 상황에서 위와 같은 친노의 문제는 지속되었다. 결국 리더십 약화가 만성화되고, 그 과정에서 진보 오리엔탈리즘이 독버섯처럼 당 내에 퍼지게 된 것이다. 결국 헤게모니 없는 다수파로서의 친노의 한계, 친노 패권주의, 진보 오리엔탈리즘 이 세 가지는 뫼비우스 띠와 같은 악순환의 고리 속에 놓여 있다.

친노 세력이 헤게모니 없는 다수파에 머무는 이유

—

친노 세력이 헤게모니 없는 다수파에 머물게 된 원인은 네 가지 측면에서 살펴볼 수 있다. 첫째, 현재 친노의 힘은 노무현 전 대통령의 비극적 서거 이후 형성된 추모 열기 등에 의지한 바가 크다. 이는 일종의 후광정치다. 후광정치는 정치적 자산이 되기 때문에 이것의 수혜를 받을 경우 정치적으로 유리한 것은 맞다. 그러나 거기에만 의존할 경우 자립성이 떨어지고 외부 압력에 쉽게 흔들리게 된다. 친노 세력은 후광정치의 한계를 극복하지 못하여 정치적 자생력이 약하다는 문제점이 있다.

친노 세력의 정치적 부침의 역사를 살펴보면 이를 명확히 알수 있다. 2002년 대선에서 노무현 정권이 등장하고 2004년 총선에서 승리함으로써 친노 세력은 민주당 세력을 포함해 범진보 진영 내의 주류 세력이 되었다. 그러나 이후 민심이 이반하여 정치적 약세를 면치 못했다. 그 결과 2006년 지방선거, 2007년 대선, 2008년 총선에서 궤멸적인 타격을 받게 되었다. 그런데 2009년 노 전 대통령이 비극적으로 서거한 이후 상황은 극적으로 반전되었다. 국민적 추모 분위기 속에서 노 전 대통령에 대한 재평가 움직임이 급속하고 강렬하게 확산되었다. 서거 이후 전직 대통령신뢰도 조사에서 박정희 대통령에 이어 근소한 차이로 2위를 차지했으며 2016년 9월에는 1위에 오르기도 했다.[54]

이러한 노 전 대통령에 대한 추모 및 재평가 분위기는 친노세력의 정치적 재기 및 부활에도 직접적으로 영향을 주었다. 2010년 지방선거에서 안희정, 이광재, 김두관은 각각 충남도지사, 강원도지사, 경남도지사에 당선되었다. 그리고 한명숙, 유시민은 각각 서울시장과 경기도지사 선거에서 낙선했지만 인구가많은 서울과 경기도에서 후보로 나서며 친노 세력의 정치적 부활을 알렸다. 그리고 2012년 19대 총선에서 한명숙이 민주통합당대표가 되었으며, 18대 대선에서는 노 전 대통령의 비서실장을역임한 문재인이 민주통합당 대통령 후보로 나서게 되었다. 이렇

진보 오리엔탈리즘을 넘어서

듯 2010년과 2012년 일련의 정치적 과정을 거치면서 친노는 다시 민주당 세력의 중심이 되었다.

오랜 기간 탄압을 받아서 뒤늦게 세력을 확장하는 경우는 있지만, 친노 세력처럼 정치적으로 성공한 이후 몰락했다가 다시 급반등해 전성기 시절과 비슷한 영향력을 회복한 경우는 드물다. 더구나 이 같은 큰 변화가 불과 몇 년 사이에 이뤄졌다는 사실은 매우 특이하다. 이러한 극적인 반전은 당시 이명박 정권의 여러 실정에 대한 반발과 노 전 대통령의 비극적 죽음에 대한 국민적 추모가 맞물리면서 나타난 것이었다.

그런데 노 전 대통령의 정치적 후광에 힘입은 친노 세력의 부활은 다음 두 가지 측면에서 한계가 있다. 첫째, 정치적 후광은 정치적 기반 형성에 긍정적인 배경이 되지만 그것만으로 정치적 자생력이 확보되는 것은 아니다. 둘째, 정치적 후광 효과의 편재성 문제다. 민주당 세력 내에서는 영향력이 강하게 나타나지만 그 테두리를 벗어나면 효과가 많이 약화된다. 그리고 절대치를 놓고 보면 친노 세력만으로는 보수에 견줄 정도가 못 된다. 그래서 보수는 진보를 친노 프레임에 가둬두면 자신들에게 유리하다고 판단하게 되는데, 이 같은 보수 세력의 판단은 여러 차례 현실화되었다. 이처럼 노무현 대통령의 정치적 후광에 의존하는 바가 크다는 사실은 친노 세력이 헤게모니 없는 다수파에 머물게 되는 첫 번째 이유다.

친노 세력이 헤게모니 없는 다수파에 머물게 된 두 번째 이유는 친노 세력의 피해 의식과 관련되어 있다. 이념적으로 동질하다고 해서 그 집단이 정서적으로 동질한 것은 아니다. 물론 그 역도 마찬가지다. 이념적으로 같은 진영, 같은 정당에 속해 있다고 하더라도 정서적 차원에서 괴리가 클 경우 내부 응집력은 확보되기 힘들다. 친노 세력의 피해 의식과 관련해 더불어민주당 손혜원 의원은 국회의원 당선자 시절인 2016년 5월 5일 자신의 페이스북에 다음과 같은 글을 남겼다.

며칠 전 유시민 작가와 식사를 함께 했습니다. 그때 유 작가께서 해준 이야기입니다. "친노는 모두 우울증 환자예요. 그분과 가까웠던 사람들일수록 더 중증 환자예요. 멀쩡하게 잘 지내다가도 문득 슬퍼지고 화가 나고 우울해지는 게 친노입니다." 작년 7월 입당하면서부터 계속 풀리지 않던 '친노'에 대한 의문이 풀렸습니다. '친노'의 우울증은 지켜드리지 못한 자책감에서 나온 것입니다. 우리가 승리하면 그 우울증은 모두 사라집니다. 차근차근 해나갑시다. 5월을 맞아 이 땅의 모든 '친노'를 위로합니다.

이 글에 따르면 친노 세력의 피해 의식은 노 전 대통령의 비극적 서거 이후에 나타난 것이다. 그런데 친노 세력은 이미 그 이전부터 몇 가지 역사적 사건을 거치면서 피해 의식을 갖고 있었다.

진보 오리엔탈리즘을 넘어서

첫 사건은 2002년 16대 대선 과정의 일이었다. 당시 노무현 민주당 대통령 후보는 대통령후보단일화추진협의회(후단협)에 의해 대통령 후보직을 빼앗길 위기에 처해 있었고 친노 세력은 이에 매우 분노했다. 그다음은 2004년 총선 직전에 있었던 탄핵 사건이었다. 그리고 그 절정은 2009년 노 전 대통령의 서거였으며, 그 이후로 친노 세력의 피해 의식은 더욱 강해졌다.

이 같은 피해 의식은 친노 세력 내부의 구심력을 강화하지만 반대로 친노 세력 외부에서는 원심력으로 작용한다. 친노 세력과 대립하고 있는 반노 세력도 노 전 대통령 자체를 비난하지는 않는다. 다만 노 전 대통령에 대한 정서적인 친밀도의 차이는 분명 존재한다. 친노는 노 전 대통령과의 정서적 친밀도가 과잉된 면이 있고, 반노는 친노와의 대립 속에서 영향을 받았다고 볼 수 있는데 대체로 방관적이고 건조하게 노 전 대통령을 대하는 경향이 있다. 그래서 노 전 대통령에 대한 보수 세력의 도발적 공세는 민주당 세력 내부의 균열을 초래하는 요인이 되곤 한다. 보수 세력이 이 점을 간파하고 이간책을 쓰는지는 알 수 없다. 다만 그것의 정치적 효과는 상당하다고 할 수 있다.

친노 세력이 헤게모니 없는 다수파에 머물게 된 세 번째 이유는 친노 세력 내부의 선민의식과 관련 있다. 대중적 차원에서 친노 세력의 기원은 2002년 민주당 국민 참여 경선에 참가했던 사람들이다. 정치 개혁, 정당 개혁의 중심 세력을 자임한 이들은 소위 '깨어 있는 시민'으로 불린다. 그런데 이들은 기존 민주당 중심 세력과 두 가지 측면에서 갈등을 빚었다. 먼저 정치문화적 측면에서의 갈등이다. 이들은 자신들이 선진 민주주의 문화에 걸맞은 정치적 식견과 문화를 갖췄다고 판단하며 기존의 정당 구성원들은 그렇지 못하다고 단정하는 경향이 있었다. 그리고 그러한 태도로부터 갈등이 누적되었다.

다음은 정당 내부 주도권 경쟁과 관련된 갈등이다. 즉, 민주당을 구성하고 있던 기존 당원, 대의원과 정당정치에 새롭게 관심을 가지고 조직적으로 들어온 세력 사이의 갈등이다. 후자는 대중적 친노의 주된 기반인데 이들은 2015년 하반기 온라인 당원 가입이 가능해지기 전까지는 민주당 세력 외곽에 머물면서 친노 세력을 지지하였다. 그리고 온라인 당원 가입 이후 당내 새로운 주도 세력이 되었고 2016년 8월 더불어민주당의 당권 경쟁 과정에서 큰 위력을 발휘하기도 했다.

끝으로 친노 세력이 헤게모니 없는 다수파에 머물게 된 네 번째 이유는 호남 정치를 타자화하는 탈호남 프로젝트의 부정적 영향이 지속되었기 때문이다. 2003년 민주당 분당을 통해 나타난 탈호남 프로젝트는 민주당 세력 내부의 호남 중심 현상을 보수적 시각에서 바라보고 호남 중심성을 의도적으로 약화시키는 진보 오리엔탈리즘의 성격을 띠고 있었다. 그런데 그렇게 해서 새롭게 확보하려고 하는 지지층은 지역별로 산재되어 있어서 소선거구 단순다수제하에서 지역구 당선자를 배출하는 데 한계가 있었다. 그 결과 정치적 중심 기반이 이완되면서 대중적 리더십의 빈곤이 나타나게 되었다.

이상의 네 가지 측면에서 살펴본 것처럼 친노 세력은 헤게모니 없는 다수파라는 정치적 한계를 갖고 있다. 그리고 이는 패권주의 논쟁으로 이어지며 궁극적으로 진보 오리엔탈리즘의 형성 및 확산에 큰 영향을 주었다.

반노 정치의 한계

—

앞서 친노 정치의 문제점을 살펴보았다. 그러면 반노 정치의 문제점은 무엇일까? 그리고 그것은 진보 오리엔탈리즘의 형성에 어떤 영향을 주었을까? 반노 정치의 문제점은 세 가지 측면에서 살펴볼 수 있다.

첫째, 친노 위성정치다. 반노 세력은 헤게모니 없는 다수파라는 친노 세력의 한계를 극복하는 정치력을 보여주기보다 그와 같은 친노 세력의 한계를 파고들면서 자신의 정치적 생존만을 추구하는 모습을 보이고 있다. 반노 세력의 이러한 문제점은 '친노 위성정치'라고 규정할 수 있다. 행성 주위를 도는 위성은 행성과 불가분의 관계에 있으며 행성에 종속되어 있는 천체다. 반노 세력과 친노 세력의 관계는 위성과 행성의 관계와 흡사하다.

반노 세력은 친노 세력을 맹렬하게 비판하고 친노의 빈틈을 이용하여 자신의 정치적 공간을 확보하려고 한다. 그러나 이러한 반노의 정치적 공간은 그들 스스로의 역량으로 확보한 것이라고 하기 어려우며, 친노에 의해서 주어진 부분이 크다. 반노 세력은 자율적으로 정치 공간을 마련하지 못한 채 상대의 약한 고리를 파고들면서 정치적 생존만을 도모하고 있는 것이다.

이와 같은 반노 세력의 정치적 자율성 부재는 담론의 영역에서도 나타난다. 우선 '친노'와 '반노'라는 개념 규정부터가 노무현과 친노 담론을 기준으로 한 것이다. 그런데 친노 세력은 친노/반노 프레임이 궁극적으로 친노에게 불리하게 작용한다고 판단하기 때문에 이에 대해 상당히 비판적인 태도를 취하며, 이를 무력화시키기 위해 노력한다.

하지만 반노 세력은 그렇지 않다. 민주당 세력 내부에 문제가 발생하면 '기승전친노'라고 할 수 있을 정도로 끊임없이 친노에 문제를 제기한다. 친노에 대한 반노 세력의 문제 제기는 보수 세력의 공세와 비교해도 그 정도와 양에서 우열을 가리기 힘들 정도다. 그래서 반노는 친노를 뛰어넘으려는 담대한 시도를 하지 못한 채 지속적인 친노 비판을 통해 정치적 생존만을 꾀한다는 비판에서 자유롭지 못하다.

이 같은 성격은 반노가 이데올로기 집단이 아니라는 사실에서도 확인된다. 친노는 '친노 운동권'이라는 표현에서 알 수 있듯이

진보 오리엔탈리즘을 넘어서

보통 진보적 성향이 뚜렷한 정치 세력으로 평가받는다. 그래서 반노 세력은 운동권과 대립된 중도 온건 노선을 강조하는 것으로 인식된다. 운동권이 아닌 전문가, 관료 출신 정치인 중에서 이러한 입장을 갖는 정치인들이 존재하는데, 호남의 박주선과 김동철 의원 등이 여기에 해당한다.

그런데 정반대로 친노 세력이 개혁성 및 투쟁성 등에서 정체성을 잃어버려 야당에 대한 국민의 신뢰를 저하시켰다는 이유에서 반노에 서는 경우도 존재한다. 정동영, 천정배 의원 등이 여기에 해당한다. 이 경우 호남 정치 복원을 진보 정체성의 회복이라는 관점에서 인식하기 때문에 더불어민주당보다 더욱 선명한 노선을 강조한다. 국민의당이 사드 문제에 있어서 진보적 입장을 내세운 것이 그 예다. 국민의당은 다른 현안에 있어서도 더불어민주당보다 강한 입장을 개진하는 경우가 있다.

이처럼 지향점과 스타일이 상당히 다른 두 세력이 공존하고 있다 보니 반노는 이념적 지향성이 명확하지 않다. 반노의 결집력이 약한 이유도 이와 관련되어 있다. 반노는 중도와 진보 사이에서 통일된 이데올로기를 갖고 있지 않다. 이 역시 친노 위성정치라는 반노의 한계와 관련된 사안이다.

둘째, 친노 환원론의 오류다. 반노 세력은 한국 정치의 모순을 진단하는 데 있어서 친노의 고질적인 문제점으로 지적되는 계파주의, 패권주의, 분열주의를 강조한다. 이는 친박과 친노의 문제점을 동일시하면서 자신들의 정치적 존재감을 드러내기 위한 전략이다. 그런데 이는 진보 세력 내부의 계파 갈등 차원에서 나올 수 있는 내용을 가지고 국가적 모순의 근거로 삼으려고 하는 것이기 때문에 논리적 비약이 심하다. 그렇게 친노를 타깃으로 억지로 끼워 맞추기 식의 논리를 전개하다 보니 무리한 주장이 나오게 된다. 2016년 10월 24일 당시 국민의당 사무총장 김영환은 YTN과의 인터뷰에서 다음과 같이 이야기한 바 있다.

우선 이번 대통령 선거에 세 가지 의미가 있다고 저희는 생각하는데요, 하나는 정치를 바꿔야 한다는 국민의 요구가 있고요, 또 하나는 정권을 바꿔야 한다는, 그동안 보수 정권이 10년을 했는데 상당히 실망이 많지 않습니까? 그런 게 있고, 또 하나는 대한민국이 위기에 처해 있기 때문에 대한민국을 구하는 선거가 되어야 한다, 그렇게 생각하는데요, 문재인 대표는 민주당의 실질적인 대선 후보가 되어 있지 않습니까? 그런 상황인데 그 정당이 친노 패권주의라고 할까, 계파정치에서 벗어나지 못하고 있습니다. 그래서 국민의당을 창당하게 된 건데, 그 계파 패권주의에 올라앉아 있는 대통령 후보, 그것이 정권 교체를 하게 되었을 때 대한민국을 살리고 정치를 바꾸는 그런 시대정신에 부합하느냐? 이것에 대해서 부정적인 생각을 가지고 있기 때문에, 과거에는 정권 교체는 무조건 선이고 개혁이다, 그렇게 생각했는데, 나라를 살리는 정권 교체가 있고 나라를 망치는 정권 교체가 있다고 생각합니다. 그래서 더불어민주당의 문재인 후보의 당선이라는 것이 정치 개혁에 부합되지 않는다, 그런 측면에서 굉장히 확신이 들지 않는다는 말씀입니다.[55]

김영환은 문재인으로의 정권 교체는 "나라를 망치는 정권 교체"라고 말했다. 이는 문재인을 통한 정권 교체의 의미를 완전히 부정하는 것이다. 그래서 김영환의 발언은 그동안의 반노 세력의 언급 중에서도 그 수위가 가장 높다고 볼 수 있다. 하지만 이처럼 내부 계파 갈등에서 언급되어야 할 사안을 가지고 국가적 차원의 문제를 거론하는 데 인용하는 것은 적절하지 않다.

셋째, 김대중 지지층의 소외 의식을 반노 정치 동원의 자양분으로 삼으려는 태도다. 김대중 지지층은 노무현 정권 출범 직후 있었던 대북 송금 특검, 민주당 분당 등에 큰 상처를 받았으며, 이로 인해 노무현 지지층과 정서적으로 분리되는 경향이 나타났다. 하지만 이들은 정치적으로 조직화되지 못한 채 주변화되었다. 반노 세력은 친노 세력과의 경쟁 과정에서 이들의 소외 의식을 자극하는 모습을 보였는데, 이는 김대중 전 대통령 서거 이후 점차적으로 나타난 현상이다.

김대중은 서거 전에 이명박 정권 1년여의 모습을 지켜본 후 '민주주의 위기, 서민경제 위기, 남북관계 위기'라는 3대 위기론을 제시하면서 이에 대항하기 위한 야권의 단결을 강조한 바 있다.

김대중은 2007년 대선 이전부터 야권의 단결과 연합을 강조했다. 2003년 열린우리당과 민주당으로 분당된 이후 분열 상태에 있던 양측 지지층 사이의 화해와 단결을 강조한 것이다. 그렇다고 김대중이 대북 송금 특검과 민주당 분당에 대해 노무현 정권을 일방적으로 옹호한 것은 아니었다. 김대중은 그것의 문제에 대해서는 명확히 지적했지만 그와 동시에 관용과 포용을 통한 통합적 리더십 구축의 필요성을 강조했다.

이런 점에서 반노 세력이 정치적 소외감을 느끼는 김대중 지지층을 상대로 과거의 정서적인 구원舊怨을 자극하는 것은 옳지 못하다. 물론 친노와 문재인에 여러 문제와 한계가 있기 때문에 이에 대한 비판은 충분히 의미 있다. 다만 비판과 부정은 다른데, 정서적인 대립 의식이 강조될 경우 비판보다는 부정이 부각된다. 그렇게 볼 때 반노 세력은 김대중 지지층의 상처와 소외감을 생산적인 방향을 발전시키는 긍정적 정치력을 발휘하지 못했다. 이는 김대중이 보여준 모습과 다르다.

이상에서 살펴봤듯이 반노 세력은 세 가지 측면에서 문제가 있다. 결국 반노 세력은 친노와의 대립 과정에서 자신의 정치적 생존을 위해 진보 오리엔탈리즘을 무분별하게 끌어들였다. 이는 자신의 정치적 생존을 위해서는 필요할 수 있겠지만 민주당 세력 그리고 진보 세력 전체에게는 분명 마이너스 요인으로 작용한다.

호남 문제에 대한 잘못된 대응

호남 문제에 대한 친노의 잘못된 인식

—

앞에서는 진보 오리엔탈리즘을 강화시키는 친노와 반노 정치의 한계에 대해 알아보았다. 지금부터는 호남의 분열과 관련한 친노/반노 세력의 문제점을 살펴볼 것이다. 호남은 진보 세력의 핵심 지지 기반이었고 지금도 그렇다. 그러한 위상을 갖는 호남이 민주당 세력 내부의 대립 과정에서 분열되었다. 그런데 최근에는 호남의 분열이 정치 엘리트 차원에서만 나타나는 것이 아니라 시민사회 차원에서도 나타나고 있다. 그리고 전자의 분열이 후자의 분열을 추동한 것이 아니라 오히려 후자의 분열이 전자의 분열을 추동했다는 점에서 문제의 심각성이 있다. 또한 이와 같은 호남의 분열이 진보 오리엔탈리즘과 매우 밀접한 연관이 있다는 점도 유의해야 할 지점이다.

호남의 분열은 2003년 민주당 분당 과정 때부터 누적된 갈등의 결과다. 처음에는 정치 엘리트 차원에서 친노/반노 세력 사이의 갈등으로 분열이 시작되었다. 그런데 점차 사회적 요인들이 결합되면서 갈등에 따른 분열의 내용이 상당히 복잡해지는 양상을 띠기 시작했다. 그리고 이러한 갈등이 20대 총선 과정에서 폭발하여 호남에서 국민의당이 당시 제1야당인 더불어민주당을 압도하는 상황으로 이어졌다. 국민의당은 광주 8곳 전체에서 승리하였고 전남에서는 10곳 중 8곳, 전북은 10곳 중 7곳을 얻어 호남 지역 전체 28곳 중 23곳에서 당선자를 배출하는 대승을 거두었다. 이에 비해 더불어민주당은 전북 2곳, 전남 1곳에서 당선자를 내는 데 그쳐 호남에서 국민의당에 완패했다.

이에 대해 친노 세력은 호남의 선택을 크게 비판했다. 친노와 호남 사이의 불화는 꽤 오래전부터 있어왔지만 2016년 20대 총선을 통해 그 갈등이 매우 노골적으로 전면화되었다. 반면 반노 세력은 호남에서 친노 세력이 심판받았다는 점을 강조하였다. 그러나 두 세력의 인식은 모두 잘못되었다.

먼저 이 문제에 관한 친노 세력의 입장을 알아보고 그 문제점을 논해보자. 총선이 끝난 뒤 조대엽 고려대학교 사회학과 교수는

《경향신문》에 '문재인을 위한 변명'이라는 칼럼을 기고했다. 이 칼럼에는 호남 문제에 대한 친노 세력의 인식이 잘 드러나 있다. 다음은 이 칼럼의 전문이다.

4·13 총선 결과는 놀라웠다. 늘 지는 야당 더불어민주당이 제1당이 되었고 신생 국민의당이 약진했다. 게다가 더민주는 부산, 대구, 경남에서 9석을 얻어 지역주의의 벽마저 깨뜨렸다. 이 예상 밖의 쾌거 앞에서도 더민주는 표정을 관리하고 있다. 선거 혁명의 주역 문재인 전 대표 또한 승자의 표정이 아니다. 전통적 지지 기반이었던 호남 참패가 너무 아픈 탓이리라. 선거 막바지에 광주를 찾아 호남이 자신에 대한 지지를 철회한다면 대선도 포기하고 정치도 그만두겠다고 배수진을 친 문 전 대표로서는 광주·호남의 패배가 누구보다 아플 것이다. 그의 아픔이 어떻든 간에 야속한 여론의 일각은 대선 포기 발언을 '문재인의 딜레마'라 하고 '광주의 약속'이라고 들먹이기도 한다. 과연 지금의 현실이 문재인의 딜레마고 광주의 약속을 그에게 압박할 형국인가?

우선, 호남은 문 전 대표에 대한 지지를 철회한 적이 없다. 28개 호남 지역구 의원 후보의 득표수를 보면 국민의당에 5명이 투표했을 때 더민주에 4명이 표를 주었다. 광주를 제외한 전남과 전북의 경우 유권자 11명이 국민의당 후보를 선택했을 때 10명은 더민주 후보를 선택했다. 한 표라도 많으면 당선되는 소선거구제에서 의석수가 현

실의 지지를 그대로 반영할 수는 없다. '호남이 지지를 철회한다면'
이라는 전제로 시작된 약속이라면 비록 국민의당에는 못 미치지만
호남은 여전히 더민주를 강력하게 지지하고 있다는 점에 주목해야
한다. 문 전 대표는 광주의 약속을 의석수 확보로만 판단해 호남에
서 명백하게 유지되고 있는 지지자들을 외면해서는 안 된다.

둘째, '딜레마'란 경중이 비슷한 사안 간에 발생하는 선택의 혼란을
말한다. 문 전 대표에게 광주 발언은 마음의 빚일 수 있지만 그것을
염두에 두기에는 그와 더민주가 얻어낸 선거 혁명의 성과가 '정치사
적'이라 할 만큼 크다. 문 전 대표는 그간 누구보다도 책임 있는 정
치 지도자로서의 역할에 충실했다. 세월호 현장을 비롯해 시민이 아
픈 자리에는 언제나 그가 있었다. 정부와 여당, 심지어 야당 내에도
넘치는 '욕망의 정치' 앞에 늘 '가치의 정치'로 대응했다. 이기는 정
당을 만드는 데 그는 혼신의 힘을 다했다. 수도권 압승과 마침내 '동
진'에 성공한 더민주의 새로운 역사는 문 전 대표 없이 불가능했다.
김대중 대통령도 노무현 대통령도 못한 일을 그가 해낸 것이다. 선
거 혁명이라 할 만한 이 놀라운 성과에 비하면 광주의 발언은 '선거
상황'에서의 에피소드일 뿐이다.

셋째, 문재인의 딜레마를 만든 '호남의 딜레마'에 오히려 주목해야
한다. 광주의 정신, 호남의 민주주의는 이번 선거에서 퇴행적 지역
주의의 덫에 걸리고 말았다. 국민의당을 선택하는 호남의 변명은 더
민주로는 정권 교체가 안 되고 문재인으로는 전망이 없다는 것이었

진보 오리엔탈리즘을 넘어서

다. 선거 결과 호남을 제외한 모든 지역에서 더민주는 선전했고 수도권에서 압승했으며 제1당이 되었다. 지역정치가 세대정치로 바뀌고 '탈지역화'로 한국 정치의 미래가 열렸다. 호남이 문재인과 더민주로는 안 된다고 할 때 세상은 더민주와 문재인을 선택한 셈이다. 세상이 87년의 정치를 뛰어넘고자 하고 지역주의의 덫에서 벗어났는데 호남만이 다시 지역주의의 늪에 빠진 것이다. 호남의 선택은 호남 기득권 정치가 드러낸 마지막 지역주의의 몸부림일지 모른다. 문 전 대표는 구태에 갇힌 호남의 선택보다 새로운 세대의 호남정치와 변화를 요구하는 수도권의 민의, 그리고 영남의 변화를 훨씬 더 무겁게 생각해야 한다.

정치인의 말에 신뢰와 책임이 따라야 한다는 것은 상식이다. 그러나 정치인의 신뢰와 책임은 언제나 더 높은 공공성을 향해 열려 있어야 한다. 작은 신뢰가 더 큰 공공적 미래를 위협할 수는 없는 일이다. 야권 분열과 호남의 딜레마, 이 모든 것의 출발은 야당 내부 특히 호남 기득권 정치인들이 만든 친노 패권주의의 허상과 반문재인 정서에서 시작되었다. 문재인 때문에 안 된다던 바로 그 당을 국민이 선택했고 그래서 선거 혁명을 이루었다. 이 선명한 대의 앞에서 언제까지 친노의 허상을 잡고 언제까지 문재인을 물어뜯는 하이에나 정치를 되풀이할 것인가?

문재인을 포함한 여야의 유능한 정치인들은 예외 없이 우리 시대의 소중한 정치적 자산이다. 오로지 개인의 정치적 이익을 위해 근거

없는 증오로 상대를 물어뜯는 것은 공동체의 정치적 자해일 뿐이다. 사익과 욕망으로 통합을 가로막는 자해의 정치를 이제 멈추어야 한다. 정치 혁신을 이끌 유능한 정치인이라면 그가 누구든 마음껏 정치할 수 있게 해야 한다. 문 전 대표에게 유독 가혹한 이상하고도 불공정한 정치 잣대를 이쯤에서 걷어야 한다.[56]

우선 이 글이 선거 직후 상당히 격앙된 심정에서 작성되었다는 점을 감안할 필요가 있다. 그러나 그것을 감안하더라도 이 글에는 몇 가지 심각한 문제점이 있다. 이는 이 글을 쓴 조대엽 교수 개인의 문제라기보다 호남 문제에 대하여 친노 세력에게서 공통적으로 나타나는 오류라고 볼 수 있기 때문에 유의해서 살펴볼 필요가 있다.

조대엽은 호남이 더불어민주당 대신 국민의당을 선택한 것을 퇴행적 지역주의라는 이유로 비판한다. 그리고 호남이 문재인에게 마음을 열지 않는 것에 상당한 서운함을 토로한다. 그러면서 그는 수도권 압승과 영남권에서의 약진에 큰 의미를 둔다. 그리고 이와 같은 지역적 지지 기반 확대에 있어 젊은 세대에게 인기가 많은 문재인의 공을 강조한다.

이 글의 근본 문제는 친노와 문재인의 오류를 인정하지 않는 지극히 독선적인 사고방식에 있다. 조대엽은 야권의 압승으로 끝난 20대 총선 결과에 긍정적인 입장이다. 그렇다면 국민의당과 호남을 비판하더라도 위와 같은 반응을 보여서는 곤란하다. 호남은 보수 여당을 지지한 것이 아니라 더불어민주당과 같은 뿌리를 둔 야당을 지지한 것이다. 설령 호남이 새누리당을 지지했다 하더라도 그와 같은 현상이 나오게 된 과정에 대해서 면밀하게 검토하고 지지를 잃은 것에 대한 자기반성을 우선시하는 것이 옳다.

지금 호남은 같은 뿌리에 있는 다른 야당을 선택한 것인데, 과연 그것이 그렇게 비판받을 사안일까? 필자는 국민의당이 나오게 된 과정 그리고 이를 뒷받침하는 이데올로기 모두에 대해 비판적이다. 그렇지만 반노 세력이 호남 지역에서 대중의 지지를 획득할 수 있게 된 데에는 친노의 잘못이 크다. 그렇다면 일단 자기반성이 선행되어야 하는데, 이를 외면하는 것은 자신의 오류를 인정하지 않으려는 지극히 독선적인 자세다.

여기에는 정치권과 지식인 사회에 존재하는 계급과 지역에 대한 편견도 일정 정도 작용하고 있다. 만약 호남에서 진보 정당인 정의당이 약진하여 더불어민주당을 위협했다면 어떤 반응이 나왔을까? 아마도 당시 국민의당을 비판했던 사람들 중 대부분은 정반대의 입장을 내놓고 호남의 정치적 선택을 높이 평가했을 것이다. 친노 세력은 정의당을 우당으로 보는 경향이 있고, 범진보 세력은 계급 의식을 드러내는 것을 긍정적으로 보는 경향이 강하기 때문이다. 대신 지역에 대해서는 정반대다. 호남 소외론과 반노를 동시에 강조하는 김욱이 지적하는 사항 중 하나가 바로 이

점인데, 깊이 생각해볼 필요가 있는 부분이다.

또한 이 글에는 호남에 대한 친노 인사들의 무지와 편견이 그대로 나타나 있다. 대상에 대한 무지와 편견은 잘못된 정세 인식과 잘못된 대처로 이어지기 마련이다. 인간 사회는 수많은 행위자들의 경험 속에서 형성된 다양하면서도 주관적인 의미와 상징체계로 구성되어 있다. 이러한 특성 때문에 인간 사회의 문제는 수학 문제처럼 명확한 답을 제시하기 힘든 경우가 많다. 그래서 상대에 대한 이해를 강조하는 해석학적 태도가 요구된다. 그래야만 시행착오를 줄이면서 가장 합리적인 결론을 이끌어낼 수 있기 때문이다.

그런데 친노 세력은 호남을 잘못 이해하고 있다. 국민의당을 지지한 호남의 선택에 비판적인 입장을 받아들인다고 하더라도 조대엽과 같은 시각은 문제가 많다. 조대엽은 호남 문제가 이렇게 복잡하게 전개된 원인에 있어 친노의 문제점을 언급하지 않고 있다. 그래서 조대엽의 글만 보면 친노와 문재인은 특별한 잘못도 없는데 호남으로부터 배척당했다는 인상을 받게 된다. 그러나 이는 전혀 사실이 아니다.

호남 정치가 유동적인 성격을 띠게 된 결정적 원인은 2003년 민주당 분당에 있다. 그리고 이 문제는 탈호남을 위해 민주당을 인위적인 방식으로 분당시킨 친노 세력에게 근원적인 책임이 있는 사안이다. 그리고 2015년 말 새정치민주연합의 분당은 2003년 민주당 분당과 마찬가지로 정치 엘리트 세력 내부의 갈등이 큰 영향을 주었다. 그러면 그 분당에 이르는 과정에서 문재인 전 대표의 오류는 없었을까? 그는 피해만 입은 당사자였을까?

그렇지 않다. 무엇보다 문재인은 당시 당을 책임지는 대표였다. 책임의 경중을 따질 수는 있어도 그 당시 파국에 있어 문재인 대표의 책임은 피할 수 없다. 이러한 원칙적인 내용을 떠나서 당시 문재인 대표의 정치적 행보에는 많은 문제가 있었다. 조대엽의 글은 이 점을 언급하지 않고 있기 때문에 객관적인 판단이라고 보기 어렵다.

조대엽의 글에서도 알 수 있듯이 호남 문제에 대한 친노의 인식에는 문제가 많다. 가령 호남은 2004년 총선에서 노무현 전 대통령의 탄핵을 주도한 반노 세력을 버리고 친노를 압도적으로 지지했다. 그러면 그때의 호남 지지는 옳고 지금은 아니라고 단정할 수 있는가? 멀리 갈 것도 없이 20대 총선에서 보여준 모습만 봐도 더불어민주당은 호남에 잘한 것이 없다. 영입 당시에는 크게 고려하지 않았을 것으로 판단되지만 더불어민주당의 구원투수였던 김종인 대표의 국보위 전력은 1980년 광주의 상처를 안고 있는 호남에서 분명한 감점 요인이었다. 또한 총선 막판에 이뤄진 문재인 전 대표의 광주행도 너무 늦었을 뿐 아니라 내용도 적절하지 못했다는 점에서 비판받을 만하다.

당시 문재인은 본인의 거취를 호남의 선택과 결부시켰는데 이는 적절하지 않다. 당시 호남 내에서 여러 정치적 목소리가 분출된 데에는 문재인과 관련된 것도 있고 그렇지 않은 것도 있다. 반노 세력은 이것을 친노와 문재인 탓으로 돌리려고 했는데, 위와 같은 문재인의 태도는 결국 이를 받아들인 것이나 다름없다. 하지만 이는 호남 문제를 단순히 호남과 친노, 문재인 사이의 관계 문제로 환원시키기 때문에 옳지 못하다. 더욱이 문재인은 호남과 친노 사이의 불화를 중재하고 화해시키는 입장에 있어야 하는데, 그의 태도는 오히려 불화를 자극할 수 있다.

조대엽의 글에는 호남 문제에 관한 친노의 여러 잘못된 인식이 그대로 나타나고 있다. 이처럼 친노 세력은 호남 문제에 대한 잘못된 이해와 독선적인 태도로 진보 오리엔탈리즘을 강화하는 오류를 범하고 있다.

호남 문제에 대한 반노의 잘못된 인식

—

다음으로 반노 세력의 오류에 대해 살펴보자. 김욱 서남대학교 교수는 2015년 《아주 낯선 상식》이란 책에서 친노의 문제점과 호남 소외 문제를 다뤄 큰 파장을 불러일으킨 바 있다. 그의 주장은 민주당 계열 정당 지지자 중에서 반노와 호남 정체성을 동시에 중시하는 이들에게 상당한 영향을 주었다. 김욱은 2016년 9월 8일 광주에서 '호남은 대선 들러리인가'라는 제목의 강연을 했는데, 이 강연을 앞두고 《무등일보》와 인터뷰를 진행하였다. 이 인터뷰에는 그가 《아주 낯선 상식》에서 제기한 여러 문제의식이 그대로 반영되어 있으며, 20대 총선에 대한 평가와 이후의 정치 상황에 대한 그의 입장이 잘 담겨 있다.

기자: 지난 4월 총선에서 국민의당과 호남 유권자의 선택이 기존의 정치 구조에 큰 변화를 가져왔다. 호남 유권자들의 인식은 무엇이고 이러한 인식이 지속될 것으로 보는가?

김욱: 호남(인)보다는 호남(인) 바깥에서 어리둥절한 사람들이 많았던 것으로 보인다. 외부에선 지금까지 호남을 그저 '표 찍는 인질'로만 봤기 때문이다. 호남이 불만이 있다고 한들 더불어민주당에 대한 '호남 몰표' 외에 어떤 선택이 가능하다고 봤겠는가? 4월 총선의 결과는 노무현 이후 누적된 호남의 불만이 드러난 결과일 뿐이다. 그 불만의 정체를 통상적으로는 '친노 패권주의'로 지칭했다. 하지만 나는 그것을 이데올로기적으로 '영남 패권주의에 투항한 지역주의 양비론자' 노무현을 반성 없이 추종하는 친노에 대한 호남의 불만으로 이해했다. 어떤 식으로 보든 호남은 호남 바깥이 잘 이해하지 못하는 쌓인 불만이 있다. 그것은 앞으로도 당연히 문제될 것이고, 문제돼야 한다.

기자: 호남이 자신의 정치적 이해를 관철해야 한다는 주장은 많은

호남인들이 동의하는 문제의식인 것 같다. 그런데 대선에서 호남의 역할을 보는 시각은 여러 시선들이 있는 것 같다. 호남이 정당한 이익을 지키기 위해서는 어떤 정치가 만들어져야 한다고 생각하나?

김욱: 호남에 정당 승인을 받지 못한 새누리당이 호남에 기대하는 게 있다면 지지를 약간 더 받는 것뿐이다. 그 '약간' 늘어난 지지에 대한 정치적 보상이 얼마나 '가성비(가격 대비 성능비)'가 좋을지는 모르겠다. 이정현 대표의 야심을 눈여겨보고 있다. 더불어민주당이 기대하는 호남의 역할은 변함없이 야권 단일화를 통한 '표 찍는 인질'이다. 친노 이데올로기에 의하면 영남 패권주의는 없고, (기자가 질문하는 것처럼) 지역 단위의 '정당한 이익'도 논하면 안 된다. 국민의당 안철수 전 대표도 그런 이념적 문제는 일체 거론하지 않고 있다. 다만 국민의당 일부 의원만이 그런 식의 '지역'적 문제의식을 가지고 있다. 한마디로 '호남의 정당한 이익'을 지키기 위해서는 이 문제를 제기하는 정치인을 적극적으로 지지하는 게 최우선이다. 그다음 문제는 오는 8일 예정된 강연에서 충분히 이야기할 생각이다.

기자: 과거 노무현 대통령을 비롯해 많은 영남 출신 야권 정치인들은 지역 소외감이나 지역 갈등, 지역감정 등은 정치인들이 만들어낸 허구라고 지적하고 있다. 또한 이를 두둔하는 일부 지식인들은 지방을 소외시키는 서울 패권이 문제인 것이지 친노나 영남 패권은 없다고 하며, 호남과 영남의 민주화 세력이 단합해야 한다고 주장한다.

진보 오리엔탈리즘을 넘어서

어떻게 생각하나? 하지만 이 논리는 대선 후보를 결정하는 과정으로 들어가면 영남 출신 후보 단일화론으로 귀결될 가능성이 높은데, 어떤가?

김욱: 내가 노무현 이데올로기를 '영남 패권주의에 투항한 지역주의 양비론'이라고 규정한 이유가 바로 그것이다. 영남 패권, 서울 패권, 심지어 호남 패권이라는 용어를 혼용하는 사람들은 '정당한 기득권'과 '부당한 패권'을 구별하지 않고 뒤섞어 영남 패권 문제를 물타기하는 것이다. 나는 영남 패권이라는 용어를 언제나 역사적으로 진행해온 '영남의 반민주적 지배 권력'이라는 의미로 사용한다. '영남 출신 후보 단일화론', 즉 '호남 불가론'이 바로 그런 영남 패권주의 이데올로기다. 한데 사실 '호남 불가론'은 호남이 선의로 행한 '전략적 선택'을 영남 패권 세력이 악의적으로 역습한 이데올로기라고 할 수 있다. 호남은 그 '소외'의 메커니즘을 통찰하고 빠져나와야 한다.

기자: 지난 총선에서 호남에는 복수 정당 체제가 만들어졌다. 그동안 더불어민주당이 독식해오던 일당 독점 체제가 국민의당과 경쟁 체제로 변했다. 그런데 이번 더불어민주당 전당대회 과정에서 많은 후보들이 '호남당으로는 정권 교체가 되지 않는다'고 주장하였다. 이런 주장에 대해 어떻게 생각하나?

김욱: 수십 년을 귀가 따갑도록 들었던 호남에 대한 전형적인 겁박이다. 그리고 이런 겁박은 김대중 때까지는 효과가 없었지만, 노무

151

현 이후에는 잘 통했다. 그런 주장은 반문해보면 그 정체가 무엇인지 쉽게 알 수 있다. '그럼 투항적 영남 패권주의 친노당으로는 정권 교체가 잘될 것으로 보는가?' '그렇다'고 우기려는 것이 더불어민주당이다. 친노 세력은 지역을 기준으로 생각하는 것을 금기시한다. 그런데 그 결과는 '지역 따지지 말고 영남 후보를 지지하라'는 위선적 협박으로 귀착한다. 이런 태도는 대선 승패를 떠나 민주주의를 위협하는 것이다. 나는 호남이 바라는 정권 교체가 민주주의와 별개가 아니라고 생각한다.

기자: 흔히 야권의 특정 계파 세력은 선거 전엔 '호남 몰표'를 주장하다가도 선거가 끝난 후에는 '호남 없는 개혁'이 대한민국 개혁 진보 세력의 목표라고 주장한다. 그리고 전국 정당화를 위한다는 명분으로 호남 색깔을 지우려고 애를 쓴다. 이는 야당의 집권을 원하는 많은 개혁·진보 세력도 불문율처럼 동의하는 생각인 것 같다. 왜 그러한 논리가 나온다고 생각하나?

김욱: 그런 일관성 없는 논리는 좋게 해석하면 이상적으로는 지역 문제를 넘고 싶은데, 현실적으로는 호남 몰표에 의존할 수밖에 없는 딜레마 때문에 생긴다. 특히 새누리당에 참여하지 않는 '이른바' 영남 개혁 세력이 그런 이데올로기에 대한 집착이 두드러진다. 영남 출신이 영남을 향해 '반영남 패권주의가 개혁이고, 민주주의다'라는 말을 감히 할 수가 없기 때문이다. 그들의 탈출구는 노무현의 '지역

주의 양비론'이었다. 그리고 그 결과는 '새천년민주당 부정 후 열린 우리당 창당, 한나라당 승인 후 대연정 제안'이라는 영남 패권주의에의 투항이었다. 이 이데올로기적 위선이 여전히 옳다고 적극적으로 동의하는 호남 사람들이 호남 친노다. 그들은 '호남당(고립)' 겁박에 소극적으로 순응하는 호남 사람들과 더불어 더불어민주당 문재인을 아직도 부끄럼 없이 지지하고 있다.[57]

여기서 김욱의 주장을 보면 호남 소외와 반노를 결부시키는 사람들의 일반적인 인식을 알 수 있다. 김욱의 논리에는 세 가지 문제가 있다. 첫째, 정치·사회 갈등 분석에 있어 '지역' 변수의 중요성을 강조하는 것은 일리가 있지만, 김욱은 그 정도가 심해서 지역 이외의 다른 요인의 중요성을 오히려 간과하는 듯한 모습을 보여준다. 이는 역편향의 오류라고 볼 수 있다.

둘째, 지역 정체성은 태어나면서 주어지는 본질주의적 속성과 사회화 과정에서 형성되는 구성적 성격이 동시에 있으므로 이를 구분해서 접근해야 하는데 김욱은 그렇게 하지 않는다. 정체성의 형성을 분석하는 시각에는 본질주의essentialism와 구성주의constructivism가 있다. 본질주의는 자연적으로 존재하는 고유한 속성이 발현되면서 정체성이 형성된다고 보는 반면 구성주의는 정체성은 사회적으로 구성되는 과정 속에서 형성된다고 본다.[58]

김욱은 지역 간 격차와 차별 문제를 선명하게 드러내기 위해

3장 민주당 계열 정당은 무엇을 잘못했는가

'호남 소외와 영남 패권'이라는 이항대립적 프레임을 강조한다. 그런데 이는 두 가지 문제점을 초래한다. 우선 영남 지역 출신 인사들이 가해 세력이거나 혹은 거기로부터 자유롭기 어려운 잠재적 동조 세력인 듯한 인상을 주게 된다. 또한 영남과 비영남, 특히 영남 대 호남 사이의 적대적 대립 의식을 부추기는 부정적 영향을 끼치게 된다. 물론 김욱이 이것을 의도했다고 생각하지는 않는다. 그러나 그는 '지역' 정체성이 본질주의적 속성과 구성주의적 속성을 동시에 갖는다는 점을 면밀하게 검토하지 않은 것으로 보인다. 김욱 논리의 가장 큰 문제는 바로 여기에서 비롯된다.

김욱은 지역 문제를 '영남 패권주의'가 아닌 '반호남주의'라고 명명하는 것은 영남 지역의 문제점이 제대로 부각되지 않는다는 점에서 문제가 있다고 지적한다.[59] 하지만 호남 출신이라는 출생과 관련된 본질주의적인 이유로 절대 다수의 호남민들은 사회적 소외 상태에 놓여 있었다. 그래서 '반호남주의'는 사실에 부합한다. 그런데 '영남 패권주의'는 어떤가? 영남 지역 출신이라는 이유로 절대 다수의 영남민이 타 지역 출신과 다르게 배타적 이익을 얻었다고 볼 수는 없다. 특혜 구조 속에 영남 출신이 더 많기 때문에 지역적으로 구분해보면 영남 출신 인사들이 이 구조 속에서 수혜를 받은 것은 사실이다. 그런데 이익을 보는 사람들의 절대적인 숫자는 전체 영남민의 수를 놓고 보면 적다. 그러므로 영남 지역 출신이라는 본질주의적 속성이 같다고 해도 그중에서 이

진보 오리엔탈리즘을 넘어서

익을 공유하면서 동질감을 갖는 특수 이익 공동체에 속한 사람들의 절대적인 숫자 자체는 적다. 그래서 특권이나 패권과 무관할 경우 지역 정체성에 남는 것은 '고향 생각'과 같은 본질주의적인 자연적 요소뿐이다.

그럼에도 지역 정체성의 본질주의적 속성과 사회적 속성을 구분하지 않으면 수많은 사람들에게 부정적 낙인을 찍는 오류를 범하게 된다. 그러므로 '영남 패권주의'라는 호명은 특혜 구조 속에서 배제된 일반 영남민들의 문제점을 제대로 설명한다고 보기 힘들다. 이처럼 자신의 의지와 무관한 생래적인 요인을 사회적 정체성으로 규정하는 것은 대부분의 경우 문제가 많다. 영남 패권주의 담론 역시 마찬가지다. 이는 김욱 논리가 확장성을 갖기 어려운 이유이기도 하다.

셋째, 김욱은 호남 소외와 친노의 문제점을 무리하게 연결시키고 있다. 오랜 기간 동안 형성된 호남 소외는 여러 요인이 복합적으로 결부돼 있으며 구조적인 성격이 강하다. 물론 김욱은 이와 같은 문제가 친노에 의해서 발생했다고 주장하지는 않는다. 다만 김욱은 호남 소외 현상과 친노가 영향력을 갖게 된 현상 모두 영남 패권이라는 줄기에서 나온 것이라고 말한다. 김욱이 호남 소외 현상이 친노에 의해서 발생한 것이라고 주장했다면 논쟁이 복잡하게 전개되지 않았을 것이다.

그런데 김욱은 영남 패권과 호남 소외 사이의 인과관계를 설명하면서 친노 문제를 함께 거론하는 방식의 논리를 전개한다. 그렇다 보니 '영남 패권—호남 소외'를 하나의 독립적 대상이라고 설정할 경우 친노가 이 문제의 원인인지, 아니면 결과인지 그 관계가 명확하지 않다. 그래서 친노에 대한 부정적 인식을 유도하는 것이 목적이라는 비판을 받는 것이다.

김욱은 호남 소외와 친노 비판이라는 두 주제를 따로 분석하고 지적하면서 두 주제가 결합될 수 있는 지점에 한해서 연결하고 비판했어야 했다. 그런데 김욱은 두 가지를 매우 긴밀하게 연결시키면서 친노의 문제점을 강도 높게 비판한다. 이는 위의 인터뷰에서도 확인할 수 있지만 그의 저서 《아주 낯선 상식》에서 매우 두드러지게 나타난다. 《아주 낯선 상식》은 애초에 두 권으로 구성되었으면 좋았겠다는 생각이 들 정도다.

이처럼 김욱의 논리에는 여러 문제점이 있지만 그의 시각이 현실적으로 타당한 부분도 분명히 있다. 호남 문제에 대한 기존 진보 지식인들의 낮은 문제의식을 향한 김욱의 분노는 충분히 이해되는 면이 있다. 실제로 2003년 민주당 분당 과정 당시 한국 정치에 대해 활발히 의견을 개진하던 지식인 중에서 분당을 주도한 친노 세력의 문제점을 지적한 경우는 거의 찾기 힘들었다. 그때도 민주당의 구태를 강조하고 '정치 개혁, 정당 개혁, 지역주의 타파'라며 열린우리당 창당을 긍정적으로 합리화하는 경우가 대부분이었다.

또한 김욱의 이론은 분명히 현실적으로 기여하는 부분이 있다. 김욱이 진보 진영 내에 무의식적으로 고착화되어 있는 지역주의에 대한 불공정한 인식 구조를 예리하게 지적해낸 것은 매우 의미가 크다. 단적인 예로 진보 야권 진영에는 외연 확장이라는 이유로 호남 출신 대권 후보를 처음부터 배제하는 인식이 자연스럽게 확립되어 있다. 정계 진출에 뜻이 없었던 정치 신인 문재인이 2012년 민주통합당 대선 후보로 바로 선출될 수 있었고 호남 출신 정치인들은 그렇지 못했던 현실이 김욱의 주장에 일정 정도 근거가 있음을 증명해준다.

하지만 김욱 주장의 긍정적 측면은 여기까지다. 현재 호남 차별 문제는 1997년 정권 교체 이전 시기와 비교해볼 때 많이 개선되었다. 1990년대 중반까지만 해도 호남 출신을 배우자감으로 탐탁지 않아 하는 경향이 어느 정도 남아 있었다. 그만큼 호남 차별 문화는 정치·경제적인 영역을 넘어서 사회·문화적 차원으로까지 확산되어 있었다. 하지만 지금은 그 같은 인식을 찾아보기 힘들다. 김대중-노무현 정권 시절에 과거의 극심했던 차별에 따른 격차를 온전히 해소하지는 못했지만 사회·문화적 차별은 많이 극복되었다. 물론 앞서 언급한 호남 출신 정치인에 대한 인식에서 보듯 호남에 대한 편견이 사라져 보편적인 인정의 단계에까지 이르렀다고 보기는 힘들다. 다만 과거에 비해서 상대적·절대적으로 많이 개선된 것만은 분명한 사실이다.

이러한 변화를 고려할 때 김욱의 주장은 좀 생뚱맞다는 느낌이 든다. 김욱은 친노 비판이라는 목적을 위해 호남 소외 문제를 무리하게 연결시키는 견강부회의 오류를 범하고 있다. 이는 정치권과 지식인 사회에서의 범친노 세력에 대한 소외감과 관련되어 있다. 친노 세력에 의해 소외된 호남 정치인들과 친노에 우호적인 지식 담론 세계에서 소외된 이데올로그들은 민주당 세력 전반에 대한 호남 민중의 불만을 마치 친노 세력만을 타깃으로 하는 것처럼 몰아가는데, 이는 무리한 주장이며 정치 공세라고 할 수 있다.

그리고 호남에서의 국민의당 지지는 그 자체로도 한계가 있다. 소선거구 단순다수제이기 때문에 호남 지역에서 압승을 거두었어도 국민의당 지지율 자체가 더불어민주당을 압도하는 수준은 아니었다. 특히 여기에는 세대 차이도 작용하여 장·노년층은 국민의당, 그 아래 세대에서는 더불어민주당 지지 성향이 좀 더 두드러지게 나타났다. 그래서 전체적으로 보면 국민의당은 지역 내 1당이었던 더불어민주당에 대한 심판 여론의 반사이익을 얻은 바가 크다고 볼 수 있다.

이러한 점을 종합적으로 살펴보면, 반노의 주장은 민주당 세력을 포함한 진보 야권 내에서 헤게모니를 가질 수 없다. 헤게모니는 특정 이데올로기가 안정적인 지배력을 확보할 정도로 보편성을 획득할 때 형성된다. 하지만 해당 이데올로기가 보편적으로

진보 오리엔탈리즘을 넘어서

이해하기 힘든 관념이나 정서를 내세우는 경우에는 이것이 잘 이뤄지지 않는다. 호남 소외론과 연계된 반노의 문제점은 여기에서 비롯된다. 따라서 반노 세력의 주장은 호남에서 일시적으로 우세를 점한 정도에 불과하다고 볼 수 있다.

반노의 주장은 진보 오리엔탈리즘만 강화시킨다. 호남 소외론 형성에 영향을 준 요인 중 하나인 친노의 탈호남론을 비판하고 극복하는 방식에 있어 반노 세력의 논리는 대안이 되기 어렵다. 호남 문제는 이해관계뿐만 아니라 정체성과 정서 등 다양한 요인이 결부된 복합적인 문제로 소외를 구성하는 요인도 다양하다. 따라서 그와 같은 점을 고려해 섬세하게 접근해야 하는데, 반노 세력은 친노 세력의 오류를 정반대의 방향에서 범하고 있다.

호남 정서의 본질은 무엇인가?

―

위에서 살펴본 대로 친노 세력과 반노 세력은 모두 호남 정서를 자의적으로 해석하는 오류를 범하고 있다. 이러한 상황 속에서 야권 내에서 호남이 갖는 정치적 중요성 때문에 친노/반노 모두 호남 문제에 적극적인 태도를 취한다. 인식과 방향이 잘못되어 있는 상황에서 행동만 적극적으로 하다 보니 문제는 더욱 악화되고 있다. 따라서 호남 정서의 본질을 살펴보는 것은 호남 문제의 올바른 해법을 모색하기 위해 매우 중요하다. 여기서는 호남 정서의 본질을 네 가지로 나누어 살펴보고자 한다.

첫째, 호남은 민주화를 위해 많은 희생을 감수했고 그 결과 김대중-노무현 정권이 탄생했음에도 그에 따른 보상과 혜택이 적다고 보기 때문에 소외감을 느낀다. 호남은 1997년 대통령 선거 당일 김대중 후보에 대한 비토 의식이 강한 다른 지역의 반발을 초래하지 않기 위해 일부러 앞선 시간대에는 투표를 적게 하고 오후에 집중적으로 투표하는 놀라운 모습을 보여준 바 있다. 일반인들이 이심전심으로 그와 같은 집단행동을 한 것이다. 또한 2002년에는 부산 출신인 노무현 후보를 밀어주면서 그가 극적으로 민주당 대통령 후보로 선출되는 데 결정적으로 기여했다.

이처럼 호남은 10년 동안의 민주당 정권 창출을 위해 결정적인 기여를 했지만 그에 따른 혜택과 보상이 현저히 적다고 본다. 두 정권은 민주적 정권으로서 지역 분권 및 지역 통합에 큰 업적을 남겼다. 그래서 민주당 집권 기간 동안 호남 차별은 사라지게 되었다. 그러나 누적된 호남 차별에 따른 격차와 그로 인한 소외감을 해소하는 데는 역부족이었다. 호남은 피해 복구와 같은 긴급하면서도 적극적인 지원을 기대했지만, 민주적인 국정 운영을 강조했던 두 정권에서 그와 같은 적극적 지원은 어려웠던 것이다. 그래서 '정권 교체를 해도 삶이 나아진 것이 별로 없다'는 불만이 호남 지역에서 형성된 것이다.

둘째, 지역 지배 정당인 민주당 계열 정당에 대한 누적된 불만

진보 오리엔탈리즘을 넘어서

이 있다. 이는 위의 소외감에서 비롯된 바가 크다. 민주화 이후 그리고 민주당이 정권을 잡은 이후 호남의 정치 엘리트들은 과거와 달리 고위 공직에 진출할 수 있는 기회가 많이 생기는 등 민주화와 정권 교체에 따른 혜택을 받았다. 특히 지방자치제가 본격적으로 실시되면서 선출직 공직에 진출할 수 있는 기회가 더 많이 열렸다. 오랜 기간 동안 호남에서는 민주당 세력 내부의 경쟁만 있었기 때문에 민주당이 그 지역의 패권 세력이었던 것은 사실이다. 그리고 그로 인한 지역 내 불만이 이미 오래전부터 존재해왔다.

셋째, 민주당이 정권을 내준 이후 보여준 무기력한 모습에 대한 비판 심리가 존재한다. 민주당에 대한 실망이 누적되었다고 해도 호남은 진보 진영 그리고 그 중심에 있는 민주당 세력의 핵심 지지 기반이다. 그런데 민주당 계열 정당은 2007년, 2012년 연이은 대선 패배로 정권을 내놓은 후 되찾지 못하고 있는 상황이다. 특히 2012년 대선에서의 패배는 뼈아팠다. 당시 선거 패배 이후 진보 야권 지지층에서는 '멘붕'이라는 말이 유행했을 정도니 야권의 핵심 지지 기반인 호남 지역의 심정은 충분히 이해가 간다. 그럼에도 그 이후 민주당 세력이 보여준 모습은 실망의 연속이었다. 그리고 호남에서는 이 문제를 심각하게 생각했다.

넷째, 위에서 살펴본 여러 이유로 인하여 야권 주류 세력에 대한 불만이 형성되었다. 그런데 호남에서는 지역 국회의원들에 대한 교체 여론이 높았을 정도로 호남 지역 정치인들에 대한 불만도 동시에 존재했다. 그렇지만 전자가 후자를 압도하였기 때문에 더불어민주당과 국민의당으로 분당되자 결국 국민의당을 더 지지하게 된 것이다.

이상의 네 가지가 호남 정서의 본질이라고 할 수 있다. 그렇게 볼 때 이것을 특정 정치인과 정치 세력만의 문제로 단순화해서는 곤란하다. 사회구조적 맥락 속에서 이해하려 해야지 친노/반노, 친문/반문이라는 정치적 담론으로만 접근하는 것은 옳지 못하다. 그랬던 탓에 진보 오리엔탈리즘에 의해 형성된 '탈호남' 담론의 여파가 결국 호남 소외론을 강화하는 매개 요인이 된 것이다.

진보 오리엔탈리즘을
강화하는 정치 리더십의 빈곤

4장에서는 3장에 이어 진보 오리엔탈리즘의 형성에 있어서 진보 세력 내부의 문제점을 정치 지도자의 측면에서 살펴본다. 구체적으로는 2012년 대선 이후 민주당 계열 정당의 양대 정치 지도자인 문재인, 안철수의 문제점을 짚어본다. 성공적인 정치 세력화를 이루려면 정치 지도자에게 통합과 구별 짓기 능력이 필요하다. 두 가지 능력을 갖춰야 진보 오리엔탈리즘의 씨앗이 되는 내부 분열, 불신, 반목을 막을 수 있기 때문이다. 그러나 문재인, 안철수 두 정치 지도자는 이 부분에서 약점을 보였다. 이번 장에서는 이와 같은 두 정치 지도자의 문제점을 분석한다.

정치 세력화를 위한 정치 지도자의 두 가지 덕목: 통합과 구별 짓기

정치 지도자는 크게 두 가지 측면에서 뛰어난 역량을 갖추고 있어야 한다. 먼저 경세가로서의 자질인데, 정치 지도자는 국민의 안전과 먹고사는 문제에 대한 해결 능력을 갖춰야 한다. 뛰어난 경세가가 되기 위해서는 해당 분야의 최고 전문가 수준에 이르지는 못하더라도 상당한 수준의 식견을 갖추고 있어야 한다. 또한 자신만의 정치철학이 있어야 한다. 정치적 현안은 유동적이고 예측을 불허하는 경우가 많으며 유동성이 심화되면 위기 상황이 발생하게 된다. 위기에 의해 불확실성이 극대화될 때 안정적이고 예측 가능한 해법을 제시하기 위해서는 자신만의 정치철학이 있어야 한다.

정치 지도자가 갖춰야 할 두 번째 역량은 정치 세력화 능력이다. 이는 안정적 지배를 확보하는 것과 관련된다. 정치의 중요한 한 축은 권력 쟁취를 두고 벌어지는 복수의 세력 사이의 갈등이다. 그래서 더 많은 사람의 지지를 이끌어내어 세력을 확장하고 궁극적으로 집권할 수 있도록 하는 것이 정치 지도자의 중요한 능력이다. 이와 같은 성공적인 정치 세력화를 위해서 두 가지가 필요하다. 첫 번째는 구별 짓기 능력이다. 슈미트는 '정치적인 것'의 고유한 본질은 '적'과 '동지'의 구별[60]이라고 했으며 무페는 '정치적인 것'은 권력관계가 내재된 인간 세계의 고유한 속성이라고 파악했다.[61]

베버Max Weber는 지배 현상을 가능하게 하는 집합적 행위자의 복종 행위의 근거는 다양할 수 있다고 설명하며[62] 억압적 폭력뿐만 아니라 지배의 합리화를 가능하게 하는 피지배 세력의 내면적 정당성의 기초에 대해서도 언급하였다. 베버는 내면적 정당성과 연관된 행위합리성을 도구합리성과 가치합리성으로 구분했는데[63] 전자는 경제적 이해관계 차원과 연계되고 후자는 규범과 당위 등 가치적 측면에서 파악할 수 있다.[64]

그렇다면 지배 현상은 다음과 같은 조건이 갖춰질 때 나타난다고 볼 수 있다. 바로 '그들'에 대한 적대적 정체성 형성을 도모하는 부정적 통합 전략과 '우리'에 대해 정서적·의식적 일체감을 갖는 이익 공동체로서 인식하게 하는 긍정적 통합 전략 두 가지가 성공을 거둘 때이다. 이때 지배층의 동원 전략과 논리는 그대로 작용되는 것이 아니고, 피지배층의 수용, 의식화, 행동 등 단계적 상호 작용의 과정을 거쳐 '동의'에 이르게 될 때 지배 현상이 발생한다. 그러므로 지배는 지배층이 피지배층을 상대로 억압적 물리력과 내면적 정당성을 확보하여 권력관계를 유지하는 것을 의미한다.

성공적인 정치 세력화를 위해서 정치 지도자에게 구별 짓기 능력 다음으로 필요한 것이 통합 능력이다. 근본적인 차원에서 정치적 지향점이 같을 경우 같은 진영으로 분류되는데 그 안에서도 부분적인 차이는 존재한다. 그래서 차이를 갖고 있는 여러 세력을 하나로 묶는 것이 필요하다. 그러므로 뛰어난 정치 지도자는 자신의 기반 세력이 갖고 있는 약점을 약화시키거나 보완하여 자생력을 강화하도록 한다. 그리고 같은 진영 내부에서 나타나는 차이를 약화시키고 공통적인 부분을 부각하면서 내부의 통일감을 강화한다. 그래야만 성공적으로 정치 세력화를 할 수 있다.

뛰어난 정치 지도자가 되기 위해서는 경세가로서의 자질, 정치 세력화 능력 모두 필요하다. 특히 진보 세력은 이 점이 더욱 중요하다. 진보 세력은 보수 세력에 비해 자본과 조직적 기반이 부족하다. 한국 사회에서 보수 우위의 정치사회 지형을 두고 '기울어진 운동장'이라는 표현을 사용하곤 하는데, 이는 보수 세력의 숫자가 더 많다는 것 그리고 자본과 조직력 등 보수의 기본 역량이 더 강하다는 것 두 가지 근거를 두고 하는 말이다. 이 같은 불리한 여건을 만회하기 위해 진보에게 인적 능력은 매우 중요하다.

현재 정치 세력화와 관련하여 민주당 세력 내부에서 나타나는 문제의 근본 원인은 진보 오리엔탈리즘에 있다. 진보 오리엔탈리즘에 의해 내부 의식의 식민화 상태가 발생하고, 진보 진영을 약화시키는 보수적 프레임을 진보 혁신의 논리로 오인하는 현상이 발생하는 것이다. 그러한 주장과 논리가 무분별하게 제기되는 탓에 내부 갈등이 만성화되고 심화되었다. 그리고 정치 지도자들은 이 문제를 해결하기보다 오히려 상황을 악화시켜왔다.

진보 오리엔탈리즘을 넘어서

통합적 리더십의 빈곤

문재인, 후광정치와 통합적 리더십의 빈곤

—

문재인은 친노 세력의 대표적 정치 지도자로서 노무현 전 대통령 및 친노 정치의 자본과 부채를 모두 승계한 인물이다. 앞에서 살펴본 대로 친노 세력은 '헤게모니 없는 다수파'라는 근본적인 한계를 갖고 있다. 그런데 문재인은 이와 같은 친노 세력의 한계를 극복하지 못했고 오히려 이를 재확인시켜주었다. 이는 그의 통합적 리더십의 빈곤과 맞물려 있다.

통합은 정치 지도자가 통합을 외친다고 해서 이뤄지는 것이 아니다. 한 집단 안에는 주류 세력에 대한 판단 유보층, 선의에 기초한 비판적 견제 세력, 적대 세력 등 여러 성향의 세력이 공존한다. 그러므로 이 안에서 통합을 이뤄내려면 다수가 동의할 수 있는 실력과 능력을 보여줘야 한다. 이것이 성공할 경우 권위에 바탕을 둔 통합적 리더십이 나오는 것이다.

정치적 후광만으로는 통합적 리더십이 나오기 힘들다. 따라서 정치적 자생력을 확보하고 이를 통해 자신의 능력을 과시할 수 있어야 한다. 실력과 성과, 그리고 이것을 세련되게 포장할 수 있는 능력이 모두 갖춰질 때 통합적 리더십을 통해 진짜 통합을 이뤄낼 수 있는 것이다.

그렇게 볼 때 문재인은 자생적인 정치력 확보에 있어 한계를 보였다. 문재인의 통합적 리더십의 빈곤은 여기에 기인한다. 이와 같은 문재인의 문제점을 그가 정치 지도자로서 부상하게 된 과정 그리고 그 이후의 과정 두 시기로 나누어서 살펴보고자 한다.

먼저 문재인이 정치 지도자가 된 과정의 문제점을 분석해보자. 그가 정치 지도자가 되는 과정에는 노무현 전 대통령의 후광 효과가 크게 반영되었다. 본래 문재인은 정치에 뜻을 두고 있지 않아서 과거 정치권의 영입 시도에도 응하지 않았던 인물이었다. 문재인은 스스로 자신은 정치와 어울리지 않는다고 했는데, 실제로도 인권 변호사가 그의 사회적 정체성에 가장 부합하는 듯 보인다. 정치인, 특히 정치 지도자는 정치적 술수도 부릴 줄 알아야 하고, 쇼맨십을 통한 정치적 선동도 할 줄 알아야 하며, 때로

진보 오리엔탈리즘을 넘어서

는 자신의 주변에 냉혹한 모습을 보일 줄도 알아야 한다. 그러나 이는 문재인과 별로 어울리지 않으며 본인도 이것을 알았던 것으로 보인다. 그래서 그는 정치권의 정치 입문 요구를 거듭 거절해 왔다.

그런데 문재인은 정계에 입문한 지 얼마 되지 않아서 대권 후보에까지 올랐다. 정치 지도자가 이렇게 급부상하게 되는 것은 바람직하지 못하다. 문재인은 2016년 9월, 자신의 준비가 부족한 상황에서 2012년 대선에 임했다는 취지의 발언을 했다.[65] 이는 대선 준비가 부족했음을 반성하는 취지에서 나온 말이다. 그런데 대선 당시 문재인은 대권 후보로서의 준비를 떠나서 정계에 진출한 지 얼마 되지 않은 정치 신인이었다. 문재인이 정치 신인의 처지에서 곧바로 대권 후보가 될 수 있었던 원인은 노 전 대통령의 비극적 죽음 이후 형성된 후광정치의 힘이었다.

그렇지만 그가 젊었을 때 민주화 운동 과정에서 노 전 대통령과 인연을 맺었고 참여정부에서 민정수석, 비서실장 등 주요 요직을 거쳤다고 해도 그가 참여정부의 전부가 될 수는 없는 것이다. 그럼에도 후광정치의 정치적 수혜는 강렬하고 전폭적이었다.

민주당 계열 정당의 역사에서 이런 경로를 통해 정치 지도자로 부상한 사례는 없었다. 김대중의 경우에서 보듯 권위주의 정권 시절 두각을 나타난 야당 정치인들은 목숨을 건 투쟁을 통해 자기 희생을 감수하면서 정치적 생존을 위해 온갖 노력을 다해

4장 진보 오리엔탈리즘을 강화하는 정치 리더십의 빈곤

야만 했다. 이런 과정을 통해서 정치적 자생력을 확보한 것이다. 1987년 민주화 이후 정당정치가 정상화된 시절에도 정치적 자생력이 중요한 것은 마찬가지였다. 노무현의 경우에서 보듯 범진보 진영의 정치 지도자는 자기희생과 노력을 통해 자생적인 정치력을 갖춰야 했다. 이런 점에서 문재인이 정치 지도자로 부상하게 된 과정은 상당히 예외적인 경우에 속한다.

다음으로 문재인이 정치 지도자가 된 이후의 모습을 살펴보자. 문재인의 정치적 기반 세력인 친노는 앞에서 분석한 대로 '헤게모니 없는 다수파'라는 한계가 있다. 헤게모니는 없지만 다수파라는 형식적 정당성에 근거해 대선 후보, 당 대표라는 정치적 지위를 차지할 수는 있지만, 제도적·절차적 정당성만으로 권위가 형성되는 것은 아니기 때문에 그 토대가 허약한 것이다. 문재인은 리더로서 이와 같은 친노 세력의 한계를 극복할 수 있는 리더십을 보여줘야 했다.

정치적 후광과 연계된 정치적 리더십의 빈곤 문제를 해결하기 위해서는 문재인이 자신의 힘으로 성공하는 역사를 창출하여 정치적 역량을 증명하는 것이 필요했다. 문재인은 인권 변호사로서 진보적 사회 운동을 해온 인물이기 때문에 정치적 정체성 면에서 혼란을 주지는 않는다. 이 점에서 문재인은 경쟁자인 안철수에 비해 안정적이고 예측 가능하다. 그래서 문재인은 본인의 정치력으로 성공한 역사를 창출해내어 후광정치라는 꼬리표를 떼

진보 오리엔탈리즘을 넘어서

고 동시에 '헤게모니 없는 다수파'라는 친노 세력의 한계를 극복하는 것이 필요했다. 그런 점에서 볼 때 2012년 대선에서 패배한 문재인이 자신의 정치력을 보여줄 수 있었던 가장 좋은 기회는 2016년 20대 총선이었다.

그렇다면 문재인이 보여줘야 하는 것은 과연 무엇이었을까? 당시 문재인에게는 두 가지 길이 있었다. 하나는 부산에서 재출마하여 부산·경남·울산 등 소위 PK 지역에서 자신의 힘으로 상당수 당선자를 배출해 이 지역에서 그의 정치적 영향력을 보여주는 것이었다. 또 하나는 당 대표가 되어 20대 총선에서 당의 승리를 이끄는 일이었다. 문재인은 후자의 길을 선택했다. 그는 '이기는 정당을 만들겠다'는 목표를 내걸고 2014년 12월 29일 다음과 같이 당 대표 출마 선언을 했다.

첫째, 가장 강력한 당 대표가 되겠습니다. 정부·여당에게도, 당 혁신에서도 대담하고 당당한 리더십을 발휘하겠습니다. 사즉생死卽生의 각오로 당 대표직을 수행하겠습니다. 유린되고 있는 민주주의를 지키기 위해 싸우겠습니다. 당의 승리를 위해 저부터 변화에 앞장서겠습니다. 사사로운 욕심은 모두 버리겠습니다. 오로지 국민과 당원 동지들만 보고 일하겠습니다.

둘째, 계파 논란을 완전히 없애겠습니다. 이른바 '친노'가 정치 계파로 존재한다면 해체할 사람은 저뿐입니다. 친노/비노 논란을 끝낼 수 있는 사람도 저밖에 없습니다. 김대중 대통령, 김근태 의장과 함께 노무현 대통령의 정신과 가치만 남기겠습니다.

셋째, 당 대표 또는 계파의 공천은 결코 없습니다. 공천 제도를 선거 전에 미리 투명하게 만들겠습니다. 대표의 손에서 공천권을 내려놓고 공천 제도와 룰이 공천하도록 만들겠습니다. 우리가 깨끗한 공직 선거를 만들어냈듯이 역사상 가장 깨끗하고 공정한 공천 혁명을 당원 동지들과 함께 이루어내겠습니다.

넷째, 권한은 나누고 책임은 제가 지겠습니다. 우리 정당의 역사에서 분권의 사례를 찾기 어렵습니다. 반면 책임 있게 추진해야 할 과제는 오히려 전가한 경우가 많습니다. 당의 변화와 혁신을 위한 권한은 강력히 행사하겠습니다. 공천권같이 대표가 사사롭게 행사해 오던 권한들은 내려놓겠습니다. 그리고 중앙당의 집중된 권한과 재정을 시·도당으로 분산하겠습니다. 하지만 그 모든 권한의 책임은 저 문재인이 지겠습니다. 강력한 리더십은 많은 권한들을 가져야 생기는 것이 아닙니다. 오히려 움켜쥐고 있던 권한들을 손에서 놓고 제도화할 때 생긴다고 믿습니다.[66]

그런데 당시 문재인의 당 대표 출마는 세 가지 측면에서 상당히 부담스러운 일이었다. 첫 번째는 박지원 의원과 경쟁해야 한다는 사실이었다. 박지원 의원은 김대중 전 대통령의 비서실장 출신으로서 김대중 지지층을 대변하는 역할을 하고 있었다. 이미 당시

진보 오리엔탈리즘을 넘어서

에도 새정치민주연합은 만성적 분열 상태에 놓여 있었는데, 그 분열의 뿌리에는 김대중 지지층과 노무현 지지층 사이의 불화가 있었다. 그러므로 문재인과 박지원의 경쟁은 겉으로만 어설프게 봉합된 채 잠재되어 있던 두 세력 사이의 갈등과 반목을 촉발시킬 수 있었다. 대권을 준비하고 있고 노무현 전 대통령의 정치적 자산을 승계한 문재인의 입장에서 볼 때 이는 매우 부담되는 일이었다.

두 번째로 문재인의 당 대표 출마 명분이 박지원의 명분을 압도하지 못하므로 문재인에게 더 부담이 될 수밖에 없었다. 당시 박지원은 자신의 목표가 대권이 아닌 당권에 있다는 점을 밝혔고, 여러 명의 대권 주자가 존재하는 당의 여건상 특정 정파에 치우치지 않은 자신이 당권을 잡아야 당의 화합을 이뤄 총선과 대선에서 승리할 수 있다고 주장했다. 박지원이 내세운 명분은 부인하기 힘든, 그 자체로 일리가 있는 것이었다. 그래서 궁극적으로 대권을 노리는 문재인은 명분 경쟁에서 박지원을 압도하기 힘든 상황이 되었다. 그리고 이는 문재인에게 더 큰 부담을 안겼다.

세 번째는 문재인은 당 대표 선거에서 이길 경우에도 부담이 크지만 패배할 경우에는 부담이 더 큰 상황이었다는 사실이다. 바로 직전 대선에서 당의 대권 후보였고 차기 대선에서도 계속해서 지지도 여론 조사 1위에 있던 문재인이 만약 당 대표 선거에서 패배한다면 이는 매우 충격적인 일이다. 또한 당 핵심 지지층으로

4장 진보 오리엔탈리즘을 강화하는 정치 리더십의 빈곤

부터 비토받는다는 사실은 문재인의 정치 생명을 위태롭게 할 수도 있는 중대한 사안이었다.

그래서 문재인은 당 대표 선출을 위한 전당대회를 3일 앞둔 2015년 2월 5일 "이번에 당 대표가 안 되어도, 당을 제대로 살리지 못해도, 총선을 승리로 이끌지 못해도, 그다음 제 역할은 없다. 세 번의 죽을 고비가 제 앞에 있다"라고 말하면서 배수진을 쳤다.[67] 선거를 며칠 앞두고 이 정도로 강력한 메시지를 보낼 만큼 당시 상황은 어려웠다. 결국 문재인은 박지원을 상대로 승리하여 당 대표가 되었다. 그래서 세 번째 부담이 현실화되지는 않았다.

하지만 선거 내용을 보면 상처뿐인 승리라고 해도 무방하다. 그래서 첫 번째와 두 번째 문제가 더욱 큰 부담으로 다가올 수밖에 없었다. 최종 결과 문재인은 45.3퍼센트를 득표하여 41.78퍼센트를 득표한 박지원 의원을 3.52퍼센트포인트 차이로 제쳤다. 45퍼센트가 반영된 대의원 투표에서는 문재인 45.05퍼센트, 박지원 42.66퍼센트였고, 30퍼센트가 반영된 권리당원 투표에서는 문재인 39.98퍼센트, 박지원 45.76퍼센트, 국민 여론 조사에서는 문재인 58.05퍼센트, 박지원 29.45퍼센트, 당원 여론 조사에서는 문재인 43.29퍼센트, 박지원 41.78퍼센트였다. 여기서 보듯 대의원과 권리당원 등 핵심 지지층에서 문재인은 박지원과 비슷한 지지를 얻었을 뿐인데, 이는 그의 당 내부 기반이 약하다는 사실을 보여준다.

그런데 경선 막바지에 불거진 경선 룰 변경은 문재인을 곤혹스럽게 했다. 당 대표 선출을 위한 전당대회 개최를 앞두고 당시 새정치민주연합 선거관리위원회는 여론 조사에서 '지지 후보 없음'이란 항목을 비율에 반영한다고 했다. 그러나 나중에 문재인 후보 측이 이의를 제기하자 당 비대위는 전당대회준비위원회(전준위)에 해당 안건에 대한 판단과 결정을 위임했고, 전준위는 선거(2월 8일)를 불과 며칠 앞둔 2월 2일 '지지 후보 없음' 항목을 기존 방식대로 제외하는 것이 일관성이 있다고 결정했다. 그런데 이는 여론 조사에서 지지도가 높은 문재인 후보에게 유리한 방식이었다. 이에 대해 문재인 후보 측은 기존 방식대로 정상화된 것이라는 입장을 밝혔지만 박지원 후보 측은 이미 확정되었던 룰을 선거 막판에 변경하는 것은 옳지 못하다며 당 지도부의 공정성에 문제를 제기했다.

이 부분에서는 문재인 후보 측의 입장에 궁색한 면이 있다. 만약 선거 판세가 본인에게 유리했더라면 그와 같은 이의 제기를 했을까? 경선 룰 변경에 따른 반발은 불가피하고 그것은 문재인에게 부담이 될 것이 뻔했다. 그럼에도 이의를 제기했다는 것은 선거 판세가 예상과 달리 심상치 않음을 감지했다는 것을 뜻한다. 그리고 실제 선거 결과 두 후보의 차이는 예상보다 적었다. 결국 문재인은 많은 부담을 감수하면서 당 대표에 당선된 것이다.

　이렇게 지난한 과정을 거쳐 당 대표에 당선되었지만 당 대표로서의 문재인의 모습은 실망을 안겨주기에 충분했다. 앞에서 인용한 대로 문재인은 당 대표 출마를 선언하면서 네 가지 사항을 강조했다. 하지만 결과적으로 앞의 두 가지는 전혀 지키지 못했으며, 세 번째 사항은 제도적 틀은 마련했지만 막상 총선을 앞두고 대표직에서 물러나 김종인 비대위 체제가 들어선 관계로 사실상 제대로 구현되지 못했다. 네 번째 사항은 대체로 실현된 것으로 보이나 앞의 세 가지 내용이 더 중요하기 때문에 크게 주목받지 못했다.

　문재인은 계파 갈등을 종식시키는 데 자신이 적임자라고 강조했지만 문재인 당 대표 시절에 계파 갈등은 증폭되었고 결국 분당까지 이르렀다. 당시 파국의 책임을 두고 친노 세력은 반노와 안철수의 잘못만을 언급하는 경향이 있는데, 이는 객관적인 태도가 아니다. 한쪽에게 책임을 돌릴 수 있는 경우는 상대가 가해자일 때다. 한쪽이 가해자고 다른 한쪽은 피해자일 때 그와 같은 해석과 진단이 가능하다. 하지만 이 경우는 다르다. 쌍방 과실이어서 둘 다 가해자이기도 하고 피해자이기도 하다. 물론 그 궁극적 피해는 지지층이 감내해야 하는 몫으로 남았다.

　이처럼 문재인은 정치적 자생력을 보여주지 못했다. 문재인은 통합을 강조하지만 이것이 제대로 되지 않는 이유가 바로 여기에 있다. 문재인은 인격에 관해서는 그의 비판자들도 인정할 정도로 높은 평가를 받고 있다. 그래서 그의 통합 의지는 진정성이 있다고 판단된다. 그러나 진정성 있게 통합을 주장한다고 해서 통합적 리더십이 확보되는 것은 아니다. 이것이 '헤게모니 없는 다수파'인 친노 그리고 후광정치의 한계를 갖고 있는 문재인이 해결하지 못하고 있는 과제다.

안철수, 3당 체제론과 통합적 리더십의 빈곤

—

이번에는 통합적 리더십의 빈곤과 관련한 안철수 의원의 문제점을 살펴보자. 안철수는 2012년 대선 과정에서 문재인과 함께 민주당 계열 정당의 양대 리더로 자리매김했다. 그리고 지금까지 문재인 다음의 위상을 갖는 정치 지도자로서 중요한 역할을 하고 있다. 원래 안철수는 정치권 외곽에 있던 인물로서 민주당 세력을 비롯해 특정 정당과 깊은 인연을 맺고 있었던 인물은 아니었다. 그런데 그는 2012년 본격적으로 정치에 투신한 직후부터 범진보 진영의 유력한 정치 지도자로 급부상하였고 그사이 정치적 부침은 있었지만 기본 흐름은 지금까지 이어지고 있다.

안철수 이전에도 제3의 인물이 국민적 지지를 얻어 기성 정당을 위협한 경우는 더러 있었으나 대부분 일시적 현상으로 끝나곤 했다. 그런데 안철수의 경우는 다르다. 안철수는 '안철수 현상'

이라는 표현이 나올 정도로 그 강도가 셌고 사회적 지지 기반이
뚜렷하다 보니 그 영향력이 지속되고 있는 것이다. 또한 2016년
20대 총선을 앞두고 국민의당 창당을 주도하였고 총선에서 성공
하여 정치적 위상을 공고히 하였다. 특히 국민의당을 성공시켰다
는 점은 의미가 크다. 2012년 대선과 2014년 새정치연합 창당을
준비하던 시기에는 안철수 개인이 해당 캠프나 여타 조직에 막대
한 영향력을 갖고 있었다. 그런데 2016년 창당한 국민의당은 안
철수 개인의 정당이라고 볼 수 없으므로 당의 전체적인 정체성이
좀 더 중시된다.

국민의당의 정체성은 두 가지다. 먼저 민주당 계열 정당이라
는 점과 반노, 반문 정서가 뚜렷한 세력의 정치적 결사체라는 점
이다. 그렇다면 친노 위성정치라는 반노 세력의 한계를 안철수도
공유하고 있다고 볼 수 있을까? '헤게모니 없는 다수파'라는 친노
세력의 문제점을 그대로 공유한 문재인과 달리 안철수는 반노 세
력의 한계를 공유하고 있다고 보기 힘들다.

그 이유는 두 가지다. 우선 안철수는 반노 세력이라고 규정하기
어렵다. 안철수는 노무현 전 대통령 서거 이후에 정치적으로 부
각된 인물이며 노 전 대통령과 정치적으로 관계될 일이 없었다.
그래서 그는 노 전 대통령과 대립한 적이 없었다. 반면 현재 국민
의당의 주요 정치인들은 노 전 대통령과 비슷한 시기에 정치 활
동을 한 인물들이다. 그 과정에서 노 전 대통령 개인 혹은 그 주

변 세력과 여러 일들을 거치면서 대립하게 되었다. 이 점이 안철수가 국민의당 주요 정치인들과 다른 부분이다. 또 다른 이유는 안철수가 독자적인 지지층을 갖고 있다는 점이다. 안철수에게는 호남을 중심으로 한 반노 지지층 외에 정치적 중간층을 중심으로 한 독자적인 지지층이 있다. 그렇기에 안철수는 친노 위성정치라는 반노 세력의 정치적 한계를 공유하지 않는다.

안철수의 문제는 그가 진보 오리엔탈리즘 논리로 민주당 세력을 중심으로 한 진보의 재구성을 주장한다는 데 있다. 범진보 세력 지지층 내에 안철수에 대한 거부감이 존재하는 것도 이와 관련되어 있다. 그중에서도 특히 친노 세력이 안철수에게 강한 거부감을 갖고 있는데, 진보 오리엔탈리즘의 주요 내용을 상징하는 것이 바로 '반노'이기 때문이다.

안철수는 이 같은 범진보 진영의 평가를 잘 알고 있는 듯하다. 그래서 그는 자신이 전통 진보 세력을 위해 양보해왔다는 점을 언급하면서 자신에 대한 진보 세력의 냉정한 평가에 억울해한다. 안철수의 입장이 전혀 이해 안 되는 바는 아니다. 2011년 서울시장 재보선의 경우 안철수는 출마하면 당선이 유력할 정도로 높은 지지를 받고 있었지만 박원순 후보에게 양보했다. 물론 2012년 대선에서는 2011년처럼 통 크게 양보한 것은 아니었다. 포기를 통한 양보의 방식을 취했고, 이로 인해 단일화 효과가 반감된 측면이 있었기 때문에 2012년 대선에서 안철수의 선택은 2011년과 달리 비판받을 면이 많다. 다만 정치적 승부에 목숨을 걸 정도로 매우 격렬한 갈등이 발생하는 것을 감안하면 2012년 대선에서의 안철수의 행동을 비난하기만 하는 것은 공정하지 못하다. 그리고 대선 실패는 민주당 세력 전체의 탓이 더 크다고 보는 편이 객관적이다.

이렇게 보면 안철수가 억울해하는 것은 이해할 수 있다. 하지만 안철수는 자신이 진보 오리엔탈리즘에 빠져 있다는 사실을 잘 모르고 있다. 정계 입문 당시 안철수는 반정치적 성격과 진보 오리엔탈리즘 성격을 동시에 갖고 있었는데 그때는 전자가 더 크게 부각되었다. 2012년 9월 대권 출마 선언부터 2014년 7월 새정치민주연합 당 대표 사퇴까지를 정치인 안철수의 초기 시절이라고 한다면, 당시 안철수는 국회의원 정수 축소처럼 반정치적 색채가 강한 정책을 강조했다. 그래서 반정치적 포퓰리즘이라는 비판을 받기도 했다. 물론 당시 그의 발언들을 보면 진보 오리엔탈리즘적 인식이 그대로 드러나지만, 당시에는 안철수의 반정치적 태도가 워낙 크게 부각된 나머지 상대적으로 그의 진보 오리엔탈리즘적 인식은 주목받지 못했다.

그런데 2012년 대선 이후 안철수는 현실 정치인으로서 경험을 쌓기 시작하면서 점차 반정치적인 모습을 버리기 시작했다. '과거와 달라졌다' '안철수가 정치인다운 모습을 보인다' '안철수가 강철수가 되었다' 등의 평가가 나오기 시작한 것도 이 무렵의 일이

진보 오리엔탈리즘을 넘어서

다. 따라서 오늘날 반정치적 포퓰리즘을 근거로 안철수를 비판하는 것은 온당하지 못하다. 대신 그가 갖고 있던 진보 오리엔탈리즘이 부각되는 현상이 나타나게 되었다.

기존 진보 세력에게 문제가 많다는 점을 부정할 사람은 없다. 그리고 안철수는 그와 같은 한계를 극복해보겠다는 의지가 있기 때문에 안철수의 정치적 포부를 비판하는 것은 옳지 않다. 문제는 안철수가 진보 오리엔탈리즘 인식에 기초하여 기존 민주당 세력을 부정적으로 타자화한다는 데 있다. 진보 오리엔탈리즘은 기존 진보 세력에 대한 부정적 의식을 합리적인 것으로 오인하도록 유인한다. 그래서 진보 오리엔탈리즘에 근거한 혁신은 내부 역량을 강화하지 못하고 이를 비판하는 세력과의 갈등만 촉발한다. 그러므로 진보 오리엔탈리즘과 연관된 그의 정치적 태도는 그의 의도와는 무관하게 진보의 약화를 초래하는 요인으로 작용할 수 있다.

이와 같은 안철수의 문제점이 나타난 대표적인 사안이 바로 3당 체제론이다. 그렇다면 3당 체제론은 진보 오리엔탈리즘과 어떤 관련이 있을까? 독자 창당을 준비 중이던 안철수는 2014년 지방선거를 앞두고 김한길 민주당 대표와 통합을 결정하면서 독자 노선을 포기하는 듯 보였다. 그러나 안철수는 2015년 12월 새정치민주연합을 탈당하고 총선을 앞둔 2016년 2월에 국민의당 창당을 주도하면서 '제3당'론에 근거한 독자적인 정치를 본격화했다.

그런데 3당 체제에 대한 그의 입장을 면밀하게 살펴보면 탈당 직후와 그 이후 사이의 변화가 발견된다. 새정치민주연합을 탈당하고 국민의당을 창당할 당시 안철수는 문재인을 중심으로 한 친문 세력을 계파주의, 분열주의, 극단주의 등으로 맹렬하게 비판하면서 정권 교체를 위해서는 민주당 세력 내부의 주도 세력을 교체하는 것이 필요하다고 강조하였다. 그러면서 3당 체제가 필요하다는 논리를 내세워 총선 전에 새정치민주연합을 탈당하고 국민의당을 창당한 것이다. 안철수는 2015년 12월 13일 탈당을 선언하며 다음과 같이 말했다.

이대로 가면 다 죽는다고, 비상한 각오와 담대한 결단이 필요하다고 거듭거듭 간절하게 호소했지만 답은 없었습니다. 이대로 가면 총선은 물론 정권 교체의 희망은 없습니다.

여기서 안철수는 '다 죽는다'라는 표현을 사용했는데, 이는 죽음이라는 극단적 상황을 막기 위해 대오각성이 필요하다는 차원에서 언급한 것으로써 현상 타파를 통한 적극적 개선 의지가 반영된 것이었다. 안철수는 3당 체제를 통해 기존 친노 중심의 야권을 대체하는 정치 세력이 나와야만 정권 교체가 가능하다고 주장했다. 즉, 3당 체제가 당위적인 측면에서뿐만 아니라 현실적인 목적에서도 필요하다는 논리다. 그런데 안철수는 점점 3당 체제 자체가 목적이고 당위인 것처럼 행동하고 있다. 그는 2016년 3월 6일 기자회견에서 단호한 자세로 독자 노선을 강조했다.

국민의당과 저는 지금 힘들고 두려운 광야에 있습니다. 물도 없고 먹을 것도 없고 사방에는 적들뿐입니다. 그래도 돌아갈 수는 없습니다. 새로운 나라, 새로운 땅을 향해 전진해야 합니다. 저를 포함해 모두 이 광야에서 죽을 수 있습니다. 그래도 좋습니다.

이날 안철수의 입장 표명은 총선을 앞둔 야권의 향배에 큰 영향을 줄 수 있었기 때문에 처음부터 큰 주목을 받았다. 특히 그가 '다 죽는 것도 각오한다'는 취지의 강경한 발언을 한 것이 상당한 화제가 되었다. 그날의 기자회견문은 계백 장군이 오천결사대를 이끌고 황산벌로 가기 직전에 남겼을 출사표 같은 느낌이었다. 그만큼 비장하다. 여기서 안철수가 말한 '죽음'은 단순히 상황 타개의 의지를 북돋기 위한 목적에서 나온 것이 아니라 실제 정치적 죽음과 같은 희생이 발생할 수 있고 그것을 감내할 수 있음을 뜻한 것이다. 그렇게 볼 때 2015년 12월과 2016년 3월에 이야기한 '죽음'의 의미는 매우 다르다.

이 같은 변화가 나타난 이유는 무엇일까? 이는 안철수의 정치적 목표의 변화와 관련이 깊다. 2015년 12월 13일 탈당 선언문에서 안철수가 강조한 것은 정권 교체였다. 당시 그는 자신의 탈당이 정권 교체를 위한 불가피한 선택이었다는 점을 강조했다. 소위 친노 운동권 세력으로 불리는 기존의 야권 주류 세력을 통해서는 정권 교체가 불가능한데, 당내 혁신이 한계에 봉착하여 부득이하게 신당을 통해서 야권 세력을 교체해야만 한다는 것의 그의 주장이었다.

> 목표는 분명합니다. 새누리당 세력의 확장을 막고 더 나은 정치, 국민의 삶을 돌보는 새로운 정치로 국민들께 보답할 것입니다. 정권 교체는 그 시작입니다. 정권 교체를 이룰 수 있는 정치 세력을 만들겠습니다.

이처럼 당시 안철수의 목표는 새누리당의 세력 확장 저지와 정권 교체였다. 그런데 2016년 3월 6일 기자회견문을 보면 초점이 많이 바뀌었다. 물론 정권 교체의 필요성을 여전히 강조하고는 있다. 그런데 전체 내용을 보면 기득권 양당 체제 극복을 통한 제3당의 성공이 필요하다는 데 사실상 방점을 두고 있다.

> 국민의당은 기득권 양당 담합 체제를 깨고 3당 경쟁 체제를 만들려고 나온 정당입니다. 못해도 1등, 더 못해도 2등은 하는 현재의 정치 체제로는 대한민국 문제를 절대 풀 수 없습니다. 양당 공생 체제를 3당 경쟁 체제로 바꿔야 헬조선에서 벗어날 수 있습니다.

국민의당은 정치인을 위해 존재하는 당이 아닙니다. 국민을 위한 당이 하나는 있어야 한다고 믿기 때문에 태어난 당입니다.

탈당 당시 그가 구상한 신당의 목적은 새정치민주연합을 대체하는 야당이 되어 새누리당에 맞서 정권 교체를 하겠다는 것이었다. 그런데 3월 6일에는 제3당의 존재 필요성을 강조하는 데 방점을 두고 있다. 물론 안철수 측은 기자회견문에서 여전히 정권 교체의 필요성을 강조하고 있다는 점을 근거로 이러한 주장에 반박할지도 모른다. 하지만 그러한 반론은 모순이다. 안철수 기자회견문의 논리를 보면 안철수는 사실상 정권 교체 가능성이 없다는 점을 자인하고 있기 때문이다. 안철수는 3월 6일 기자회견에서 다음과 같이 말했다.

야권 통합으로는 의석을 몇 더 늘릴 수 있을지는 몰라도 정권 교체의 희망은 없습니다. 원칙 없이, 뭉치기만 해서는 더 많은 국민의 지지를 받을 수 없습니다. 그것은 그저 만년 2등, 만년 야당의 길입니다.

여기서 보듯 안철수는 더불어민주당을 정권 교체 능력이 없는 세력으로 단정하기 때문에 총선에서 이들이 선전하는 것에 별다른 의미를 부여하지 않는다. 이렇게 볼 때 안철수가 사실상 자신

혹은 국민의당만이 정권 교체를 할 수 있는 정치 세력이라고 단정한다고 판단해도 무리는 아니다. 정당의 리더로서 자기 당에 대해 충분히 그렇게 생각할 수 있다. 그런데 안철수는 더불어민주당의 개선 가능성이 사실상 없다고 인식하고 있으며 이것은 변하지 않는 상수라고 단정하고 있다는 점에서 문제가 있다.

또한 안철수의 3당 체제론은 친노 세력에 대한 부정적 인식을 전제하는데, 그것은 너무 과장되었다. 계파 갈등 정도에 불과한 사안을 가지고 정체성의 문제로 비화시키는 우를 범하는 것이다. 실제 더불어민주당과 국민의당은 위안부 합의, 개성공단 폐쇄, 사드 배치, 미중 갈등, 테러방지법, 박근혜 대통령에 대한 탄핵 등 중대한 국가적 현안에 있어서 사실상 같은 입장이었다. 기본 원칙은 같이하고 세세한 방식에서 차이가 있을 뿐인데, 이는 같은 당 내에서 나타날 수 있는 정도의 미세한 수준에 불과하다.

이렇게 볼 때 두 세력의 정체성에는 사실상 차이가 없다. 애초에 당내 권력 쟁투에 해당하는 사안을 분당이라는 방식을 통해서 풀려고 한 것이 근본적인 잘못이었다. 3당 체제를 긍정하는 사람들은 새정치민주연합 내분 당시 분당이 필요하다는 점을 강조했다. 그런데 3당 체제론은 진보 오리엔탈리즘에 근거한 것으로서 여러 한계가 있다. 이는 통합적 관점과는 거리가 멀다. 안철수는 정계 입문 초기에는 정치인답지 않고 정치혐오증에 의존한 포퓰리스트라는 비판을 받았다. 그런데 새정치민주연합을 탈당하고

진보 오리엔탈리즘을 넘어서

국민의당을 창당한 이후에는 진보 오리엔탈리즘과 관련된 문제점을 드러내고 있다.

이는 국민의당이 처한 구조적 한계와 관련된 사안이기도 하다. 앞서 국민의당의 정체성을 민주당 계열 정당, 반노·반문 성향이 강한 정치 세력 두 가지로 정리한 바 있다. 국민의당은 정의당 같은 전통적 진보 정당도 아니고 녹색당처럼 새로운 정치적 정체성을 내세운 정당도 아니다. 국민의당은 더불어민주당과 민주당 계열 정당 내의 주도권과 정통성을 놓고 경쟁하는 정당이다. 그래서 더불어민주당과의 차별성이 사실상 없다. 국민의당이 결국 의미를 가지려면 더불어민주당을 제치고 민주당 세력 내에서 지도적 위치에 올라야 한다. 만일 그러지 못한다면 국민의당의 존재감은 현저히 떨어질 수밖에 없다. 박근혜 대통령에 대한 탄핵이 끝나고 대선 국면으로 넘어가면서 나타나고 있는 국민의당의 진로에 대한 논쟁은 이와 관련되어 있다.

정치 세력화를 위한 구별 짓기 능력의 빈곤

앞서 성공적인 정치 세력화를 위해 필요한 통합적 리더십 측면에서 문재인, 안철수 두 정치 지도자의 문제점을 살펴보았다. 그다음으로 성공적 정치 세력화를 위해 필요한 것은 구별 짓기이다. 문재인과 안철수 두 정치 지도자는 이 부분에서도 약점을 보이고 있다. 두 사람 모두 현안의 성격, 원인, 책임 소재 등 주요 사실관계를 명확하게 정의하기보다 모호하게 대한다는 점에서 문제가 있다. 정치 지도자에게 이는 매우 큰 문제다.

정치의 시작은 대상에 대한 호명이다. 그래서 사안의 내용을 밝히고 그 성격을 파악하여 적절한 의미를 부여하는 것이 정치의 시작이다. 그다음은 경계선 설정이다. 옳고 그름 같은 당위적 측면, 유불리 같은 이해관계 측면 등을 고려하여 긍정과 부정의 가치로 선을 긋는 일이 중간 단계가 된다. 그리고 그 경계선을 두고 자신과 자신이 속한 진영이 최대한 유리한 결과를 얻을 수 있도록 노력하는 것이 정치의 마지막 과정이다. 대상에 대한 호명과 경계선 설정은 정치 과정의 처음과 중간이자 최종 단계의 방향을 정한다는 점에서 매우 중요하다.

문재인과 안철수는 이 부분에서 약점을 보인다. 그런데 그 원인은 각자 다르다. 문재인은 종교인 같은 면모를 보이면서 성찰적 태도가 두드러지게 나타나는 것이 문제의 원인이라면, 안철수는 평론가(지식인) 같은 면모를 보이면서 양비론에 치우치는 것이 문제의 원인이다. 그러나 원인은 달라도 그 결과는 모두 구별 짓기 능력의 빈곤이라는 점에서 동일하다.

먼저 문재인의 문제점을 살펴보자. 문재인은 원인을 진단하고 대안을 내놓아야 할 사안에 대해 지나치게 개인적 감성과 성찰적 태도를 강조하여 사안의 본질을 흐리는 경우가 있다. 종교인, 수도자와 같은 모습을 보임으로써 정치인으로서 적절하지 못한 대응을 하는 경우다. 한 예로 2016년 9월 25일 백남기 선생이 타계한 직후 문재인은 자신의 페이스북에 다음과 같은 글을 남겼다.

백남기 선생의 명복을 빕니다. 부당한 공권력 행사에 의한 죽음인데도 대통령, 경찰청장, 누구의 사과도 없었습니다. 설령 정당한 공권력 행사였다 해도 사과해야 할 일인데요. 국민에 대한 무한 책임, 그 게 국가가 할 일 아닌가요. 그분의 죽음에 우리 모두가 죄인입니다.

이 글 끝에 나오는 "그분의 죽음에 우리 모두가 죄인입니다"라 는 표현은 그의 빈곤한 구별 짓기 능력을 극명하게 드러내준다. 고인의 죽음은 정치적·사회적 맥락에서 봐야 하는 것이므로 그에 따라 명확한 입장을 표명하는 것이 옳은데, 문재인의 발언은 마 치 종교인의 설교처럼 들린다. 이분법적으로 구분하자면 정치는 현실적 사안, 종교는 초현실적 사안을 다룬다. 정치는 사람 사이 의 정체성과 이해관계에 따른 갈등을 다루기 위한 것이고, 종교 는 절대적 존재인 신을 통해 인간의 능력으로 알 수 없고 해결할 수 없는 불가항력적인 일들에 대한 해법을 찾기 위한 것이다.

그래서 정치 언어는 구체적인 반면 종교 언어는 모호한 성격을 띤다. 정치는 집단적 주체를 대상으로 하고 종교는 개인에 초점 을 맞춘다. 정치는 문제의 원인을 지목하는 데 있어 대립하는 상 대에 화살을 돌린다. 물론 자신의 책임을 언급하기도 하지만 이 는 상대에게 주된 책임을 묻기 위한 과정에서, 아니면 화제를 전 환하여 새로운 대립 전선을 구축하기 위한 전략에서 나오는 것일 뿐이다. 반면 종교에서는 자신의 책임을 강조하며 그 자체가 목 적이라는 점에서 정치와 근본적으로 다르다. 그래서 정치인과 종 교인에게 필요한 능력과 태도는 같지 않다.

진보 오리엔탈리즘을 넘어서

이런 점에서 문재인의 '죄인'과 같은 참회적 발언은 정치 언어보다 종교 언어에 가깝다. 이처럼 정치적 현안에 개인적 감성을 따라 대처하는 문재인의 오류는 송민순 전 장관 회고록 파문이 발생했을 때에도 나타났다. 당시 문재인은 '모욕' '금도'라는 표현으로 대응했는데, 이는 과도하게 사적이고 개인적인 언어였다. 그보다는 송 전 장관 회고록 내용의 문제점을 사실과 논리를 통해서 드러내는 편이 옳았다.

많은 사람이 문재인의 장점으로 '진정성 있다' '사람이 참 맑고 순수하다' 등을 언급한다. 이는 정치 지도자로서 매우 큰 장점이며, 정치 지도자에게 필요한 덕목이라는 점도 분명하다. 그런데 문재인에게는 이것이 빈곤한 구별 짓기 능력과 맞물리면서 장점이자 약점으로 동시에 나타나고 있다. 이는 정치 세력화 능력과 관련해 문제점으로 작용하게 된다.

이번에는 안철수의 문제점을 살펴보자. 안철수의 문제는 양비론의 오류에 빠져 평론가 같은 모습을 보인다는 데 있다. 2016년 9월 김재수 농림부 장관 해임건의안 파동 당시 안철수의 태도가 한 예다. 당시 김재수 농림수산부 장관 해임건의안이 통과되자 새누리당은 격렬하게 반발하였고 이정현 대표가 정세균 국회의장의 사퇴를 요구하며 단식 투쟁을 벌여 정국이 경색되었다. 이런 상황에서 안철수는 2016년 10월 1일 다음과 같은 내용의 성명을 발표했다.

정세균 의장과 이정현 대표께 호소합니다. 이 상황을 이제 끝내주십시오. 작금의 대결은 오로지 정치인들만의 다툼일 뿐입니다. 국민이 보고 계십니다. 이 부끄러운 상황을 당장 끝내주십시오. … 정세균 국회의장께 간곡하게 말씀드립니다. 국회의장은 국회를 정상적으로 운영할 책임이 있습니다. 국회 정상화를 위해 책임 있게 나서주십시오. 이정현 대표, 정진석 원내대표와 새누리당 의원들께 간곡하게 말씀드립니다. 국정감사에 복귀해주십시오. 산적한 국가적 위기에 대해 여야가 같이 논의해야 합니다. 위기를 풀어갈 해법을 함께 모색해야 합니다. 국민의 안전을 챙기는 데 여야가 따로일 수 없습니다. 여야가 함께 국정에 대해 감사를 진행해야 합니다. 함께 국가 차원의 대책을 찾아야 합니다. 국회가 속히 정상화되어 민생 위기, 안보 위기, 국민 안전의 위기를 조금이나마 덜 수 있도록 국회 차원의 지혜를 모아야 할 때입니다. 국회에 대한 불안과 탄식을 조금이라도 희망으로 바꿔야 할 의무가 국회에 있습니다. 거듭 국민만 보고 결단해주실 것을 촉구합니다.

이와 같은 안철수의 양비론적 태도는 오래전부터 지적받아온 그의 고질적인 문제다. 이런 태도 때문에 안철수는 정치인이 아니라 정치평론가 같다는 비판도 나온다. 정치평론가와 달리 정치인은 정치적 행위에 책임을 져야 하기 때문에 동일한 사안이라도 시각이 같을 수 없다. 정치적 현안 진단에서 평론가가 양비론적

진보 오리엔탈리즘을 넘어서

태도를 취해도 비판을 받는 경우가 많은데 하물며 정치인, 그중에서도 대권 주자급 정치 지도자라면 더욱 그럴 수밖에 없다.

물론 안철수는 정계 입문 초기에 비해 분명히 나아졌으며 정치적 화법에서도 변화했다고 평가받고 있다. 또한 정치 현안에 대해서도 이전보다 확실히 선명한 태도를 보이며 많이 달라진 모습을 보여주었다. 2016년 중반의 사드 배치 문제, 하반기의 최순실 게이트에서도 안철수는 매우 선명한 입장을 보였다. 그래서 보통 중도로 인식되는 국민의당이 오히려 더불어민주당보다 더 선명한 태도를 보이게 된 것이다. 분명히 안철수는 과거와 달리 진보적 정체성을 명확히 강조하고 있다.

그런데 이와 같은 안철수의 기조는 친박과 친문을 배제하면서 3당 체제론을 강조하는 그의 태도와 충돌하는 면이 있다. 총선 이후 나타난 야 3당 공조에서 확인되듯 더불어민주당과 국민의당은 같은 계열의 정당으로서 노선상의 차이를 찾기 어렵다. 정치 이념적으로 친노 세력이 중심이 된 민주당이 진보적 색채가 더 강하고 국민의당은 민주당보다 상대적으로 중도에 방점을 두고 있다는 것이 일반적인 평가지만 2016년 총선 이후 모습을 보면 오히려 국민의당이 더 선명하게 진보적 노선을 내거는 경우가 많았다. 그러므로 두 당의 갈등은 정치 이념과 정책 방향의 차이에 기인한 것이 아니라 같은 진영, 같은 당 내에서의 권력 쟁투라고 보는 것이 타당하다.

그렇게 볼 때 문재인과 친문 세력을 견제하고 비판하는 것은 정치 과정상 있을 수 있는 일이지만 친박, 친문 배제를 통해 3당 체제를 강조하는 것은 문제가 있다. 이렇게 친박과 친문을 병렬적으로 언급하면 두 세력의 문제가 그 비중이 유사하다는 인상을 주게 된다. 이렇게 두 세력의 문제가 결정적이라고 인식한다면 총선 이후 보여준 것처럼 야 3당이 강하게 공조해서는 안 되는 것이었다. 여기서 모순이 발생한다. 이는 결국 경계선 설정이 잘못되면서 나타난 구별 짓기의 오류다.

지금껏 살펴봤듯이 문재인은 개인적 감성과 성찰적 태도가 두드러지면서 종교인 같은 태도를 보이고, 안철수는 양비론적 기조를 유지하는 평론가 같은 태도를 보인다. 그리고 이는 정치 세력화를 위한 구별 짓기 능력의 빈곤으로 이어진다.

아울러 두 인물의 이러한 특징은 정치적 책임 윤리 측면에서도 문제가 있다. 베버는 책임 윤리를 강조하였는데 이는 동기의 선함만이 아니라 결과의 중요성과 결과에 대한 책임을 강조한 것이다. 이 지점에서도 문재인과 안철수는 한계를 보인다. 두 정치 지도자는 자신의 선한 동기를 강조하며 그것을 정치적 정당성의 근거로 삼으려는 태도를 보인다. 그런데 여기에는 결과에 대한 책임이 빠져 있다. 이는 구별 짓기 능력의 빈곤과 더불어 궁극적으로 진보 오리엔탈리즘을 강화하는 요인이 된다.

5장

진보 오리엔탈리즘, 무엇이 문제인가

5장에서는 진보 오리엔탈리즘의 폐해를 살펴본다. 진보 오리엔탈리즘은 진보를 무기력하게 만들었다. 그 과정을 보면 악순환의 연속인데, 우선 '반노'와 '탈호남'으로 인한 갈등이 전통적 지지 기반을 이완시키고 분열시켜 정치적 리더십의 약화를 초래한다. 그러한 문제를 해결하기 위해 수시로 정치적 노선을 변경하기도 하고, 정치적 투쟁성을 약화시키며 중도화에 전력하기도 한다. 그러나 진보 오리엔탈리즘에 대한 문제의식이 결여된 해법은 오히려 진보의 약화만 초래하게 된다. 이는 선거에도 부정적 영향을 주게 되는데, 이번 장에서는 2016년 20대 총선 결과를 바탕으로 이를 분석해볼 것이다.

무력화된 진보

진보 오리엔탈리즘과 전통적 지지 기반의 분화

—

진보 오리엔탈리즘이 진보 세력에 끼친 가장 큰 악영향은 민주당 계열 정당 지지자들을 분열시킨 것이다. 정치 엘리트들 사이의 분열에 그친 것이 아니라 지지자들의 분화가 심하게 나타났고, 그러한 지지자들의 분화에 의해 정치 엘리트 사이의 분화가 촉발되는 현상이 나타날 정도였다. 이는 진보 오리엔탈리즘에 의해 진보 세력 내부에서 의식의 식민화 현상이 나타났다는 사실과 깊은 관련이 있다.

진보 오리엔탈리즘은 정체성과 같은 관념적 영역에 영향을 주기 때문에 근본주의적 성격을 띤다. 따라서 이해관계처럼 대상과 대상 사이의 구분이 명확하여 객관적인 계산을 통해 문제 해결이 가능한 것과는 성격이 완전히 판이하다. 그렇다 보니 진보 오리엔탈리즘에 의해 발생한 내부 갈등은 타협을 통해 해법을 모색하기 어렵다. 더 나아가 상호 절멸을 지향하는 극단적인 분위기가 조성되기도 한다. 그리고 이러한 메커니즘을 통해서 나타나는 정치 엘리트와 지지층 사이의 분열은 매우 다양한 차원에서 영향을 주게 되며, 다시 이것이 진보 오리엔탈리즘을 강화하는 악순환으로 이어진다. 그렇게 볼 때 진보 오리엔탈리즘은 정치 엘리트와 일반 지지층을 포함해서 복합적인 분열을 초래하는 근본 원인이라고 할 수 있다.

민주당 계열 정당의 역사를 보면 진보 오리엔탈리즘이 영향을 준 최근 시점 이전에도 안정적인 상태는 아니었기 때문에 분화 및 통합 과정이 반복적으로 이뤄졌다. 그러나 진보 오리엔탈리즘은 민주당 세력이 안정적으로 확장되던 시점에 영향을 주기 시작하여 당의 유동성을 +, − 양 측면 모두에서 예측하기 힘들 정도로 증가시켰다. 이는 진보 오리엔탈리즘이 민주당 세력에 끼친 가장 큰 영향으로 과거와 비교해서 볼 때도 매우 두드러지는 특징이다. 따라서 민주당 계열 정당에서 나타난 분화와 통합의 전체적인 과정과 맥락을 살펴보고 이를 최근의 현상과 비교·분석해보면 진보 오리엔탈리즘의 특성을 좀 더 뚜렷하게 알 수 있을 것이다.

흔히 1955년 결성된 민주당을 현재 민주당 계열 정당의 뿌리로 인식한다. 2015년에 당시 새정치민주연합은 민주당 창당 60주년 기념행사를 하기도 했다. 형식적인 차원에서 보면 1955년 결성된 민주당이 현재 민주당 계열 정당의 기원이라고 할 수 있다. 하지만 내용적으로는 1987년 결성된 평화민주당이 현재 민주당 계열 정당의 모태라고 할 수 있다.

평화민주당(평민당)은 1987년 11월에 김대중이 주도하여 창당한 정당이다. 그해 12월 실시된 13대 대선에서 김대중은 평민당의 대통령 후보로 출마했지만 3등으로 낙선하였고 그 결과 평민당은 위기에 처했다. 그러나 대선 패배 이후 김대중은 재야 세력을 대거 영입하여 당의 체질 개선을 도모하였다. 이러한 시도는 성공을 거두어 평민당은 1988년 4월 실시된 13대 총선에서 호남 지역을 석권하고 서울에서도 선전하여 제1야당이 되었다. 여소야대 국회에서 제1야당인 평민당은 정국을 주도하였으나 1990년 3당 합당으로 거대 여당인 민주자유당(민자당)이 탄생하자 또다시 위기에 처했다. 이에 김대중은 1991년 4월 이우정, 신계륜 등이 이끄는 재야 세력인 신민주연합과 함께 신민주연합당(신민당)을 창당하였다. 그리고 그해 9월에는 김영삼의 3당 합당에 반대한 민주당의 이기택, 노무현, 김정길 등과 통합하여 민주당이 탄생하였다. 이와 같이 1987년 11월 창당한 평민당은 1991년 일련의 외연 확장 과정을 통해 민주당으로 진화·발전했다.

　이러한 평민당의 정당사적, 정치사적 의미는 무엇인가? 우선 평민당은 현재 민주당 계열 정당의 정체성 및 조직적 기반을 구축했다는 점에서 역사적인 의미를 갖는다. 먼저 정체성은 당명인 '평화민주'에서 핵심적으로 부각된다. 김대중이 민주화를 이끈 인물 중에서 가장 탁월하다고 인정받는 이유 중 하나가 바로 분단 모순 해소와 한국 민주화를 모두 중요하게 인식했다는 점이다. 이 점이 바로 정치적 라이벌인 김영삼과 차별화되는 가장 큰 특징이기도 했다. 김대중은 1971년 신민당 대통령 후보로 선출되면서 3단계 통일론과 4대국 안전보장론 등을 대선 공약으로 내세웠다. 그러나 당시 김대중은 당내 비주류였기 때문에 대선 패배 이후 이를 당의 중심 노선으로 끌고 가는 것이 쉽지 않았다. 이후 유신 체제와 전두환 정권이 이어졌기 때문에 1971년 대선 공약에서 나타난 평화통일 노선은 평민당에 와서야 반영되었다. 이렇듯 역사적 정체성 측면에서 볼 때 평민당이 갖는 의미는 매우 크다.

　그다음으로 평민당은 현재 민주당 계열 정당의 조직적 기반을 구축한 정당이었다. 평민당의 초기 구성을 보면 김대중과 재야의 결합이라는 특성이 확인된다. 이는 김대중을 중심으로 한 비타협적 야당 정치 세력과 시민사회 세력인 재야의 공동 프로젝트라는 점에서 정당사적 의미가 매우 크다. 재야在野는 민주화 운동이 전개될 당시 시민사회 영역에 있었던 여러 운동 세력을 총칭한다.

진보 오리엔탈리즘을 넘어서

이들은 권위주의 독재 정권에 대항한다는 점에서 넓게 보면 야권에 속해 있지만 정치사회가 아닌 시민사회에 속해 있다는 특징이 있었다. 그렇기 때문에 재야는 민주화추진협의회(민추협)와도 다르다. 1984년 5월 창설된 민추협은 기존 야권 정치인들이 관제 야당인 민한당에 대항하기 위해 결성한 조직이었다. 그래서 민추협은 반¥ 혹은 준準 정치결사체 성격을 띤다.

재야는 선명성과 명분을 중시하며 비타협적 성향이 강했다. 그렇다 보니 권위주의 정권으로부터 가장 큰 탄압을 받고 있던 김대중과 정서적·인간적 공감대를 형성했다. 또한 김대중이 분단 모순 해소를 중시했기 때문에 재야는 정치적 지향에서도 김대중에 동질감을 갖고 있었다. 그래서 재야 세력 대부분은 1987년 대선을 앞두고 김대중에 대한 비판적 지지를 선언했고, 그 뒤 13대 총선을 앞두고 평민당에 대거 합류하였다. 재야의 합류는 그동안 시민사회 영역에서 활동하던 비타협적 민주화 운동 세력이 정치사회에 진입했다는 점에서 역사적 의미가 있다.

또한 평민당은 1991년 4월 신민당이라는 과도기적 단계를 거쳐 1991년 9월에 민주당(흔히 말하는 꼬마민주당)과의 합당을 통해 질적인 도약을 했다. 1990년 김영삼의 3당 합당에 반대했던 이기택 등은 1990년 6월 민주당을 창당하였다. 당시의 민주당은 영남 민주화 세력이 중심이었기 때문에 결국 평민당은 호남, 재야 민주화 운동 세력, 영남 민주화 세력 등의 결합을 이뤄낸 것이다. 현재 민주당 계열 정당의 중심 세력은 호남, 운동권(광의의 친노), 영남 민주화 세력(협의의 친노)이라고 볼 수 있는데, 평민당은 이와 같은 민주당 계열 정당의 조직적 기반을 구축한 정당이기도 하다. 흔히 평민당을 '호남당'이라고 평가하곤 하는데, 이 같은 상황을 고려해보면 '호남당'이라는 규정은 평민당의 본질을 정확하게 표현했다고 보기 힘들다.

김대중은 민주화 운동 세력을 하나로 규합한 이후 외연 확장을 위해 중도화 전략을 취했다. 1992년 대선을 앞두고는 뉴DJ플랜을 내걸며 이전보다 온건한 정책 기조를 내세웠다. 그리고 1997년 대선을 앞두고는 정치 세력을 그 대상으로 삼아 DJP 연합을 기본 축으로 박태준을 비롯한 TK 지역 보수 정치 엘리트들을 대거 영입하였다. 또한 대선 승리 뒤에는 이인제의 국민신당과 합당하여 중부권의 중도층으로까지 외연 확장을 시도했다.

2002년 민주당 대선 후보 경선에서 노무현이 승리하면서 민주당 계열 정당의 외연 확장은 새로운 전기를 맞이하게 되었다. 노무현은 수도 이전 공약을 제시하면서 충청권 지역의 지지를 새롭게 획득하였다. DJP 연합을 통해 충청을 중심으로 한 중부권에서 민주당에 대한 비토 의식은 약화되었지만 이것이 지지로 이어진 것은 아니었다. 그런데 이때를 기점으로 중부권의 지지를 얻을 수 있는 기반이 마련된 것이다. 또한 부산·경남 등 소위 PK 지역에서는 소선거구 단순다수제하에서 당선자를 내는 데 어려움을 겪었지만 이전보다는 나은 상황 속에서 정치적 거점 확보에 대한 기대감이 형성되기도 하였다.

문제는 그다음부터 본격화되었다. 기본적으로 현재 민주당 계열 정당의 분열은 카리스마적 지도자 김대중 이후 당의 리더십 기반이 새롭게 구축되지 않은 결과다. 김대중은 대통령 퇴임과 동시에 정계에서 은퇴했다. 김대중의 은퇴는 정당의 자율성 증진과 구심력 약화라는 두 가지 영향을 주었는데, 민주당의 만성적 분열 상태는 후자의 영향을 받은 바가 크다. 이 과정에서 진보 오리엔탈리즘이 큰 영향을 끼쳤다는 점에 주목해야 하는데, 이에 대한 분석을 위해 먼저 이 시기 민주당 세력의 분열 과정을 살펴볼 필요가 있다. 당시 민주당 계열 정당의 내분은 크게 2002~2004년, 2012~2015년의 두 시기로 나누어 볼 수 있다.

먼저 첫 번째 시기는 2002년 대선 과정에서의 후보 단일화 문제, 2003년 민주당 분당, 2004년 노무현 전 대통령 탄핵과 17대 총선 등과 관련이 있다. 진보 오리엔탈리즘과 관련해 이 시기에 큰 영향을 준 것은 '탈호남'이다. 탈호남은 노무현 정권이 강조한 지역주의 타파 및 정당 개혁론과 맞물리면서 정치적 논쟁의 대상이 되었다. 그 과정을 살펴보자.

2002년 봄 노무현 후보가 민주당 대선 후보 경선 과정에서 이인제 후보를 꺾고 승리한 것은 예상치 못한 일이었다. 당시 노무현 후보는 비주류 출신으로 당내 기반이 약했기 때문이다. 그런데 2002년 월드컵 4강 진출에 따른 국민적 열기 속에서 정몽준 의원에 대한 지지세가 형성되었고 노무현 후보에 대한 지지율이 떨어지자 두 후보의 단일화 필요성이 제기되었다. 그런데 이 틈을 이용하여 당시 민주당 내에서 사실상 정몽준 후보로의 단일화를 염두에 둔 후단협이 결성되었고, 이는 정당 민주주의 원칙을 저버린 행동이라는 비판을 받았다.

후단협은 2002년 국민 참여 경선에서 분출된 시민들의 정치 참여 열기를 기성 정치인들이 힘으로 누르려는 반민주적 사태로 인식되었기 때문에 이에 대한 반발심이 컸다. 그래서 노무현 정권이 들어선 이후 정당 개혁론이 더욱 힘을 받게 되었다. 그리고 노전 대통령은 지역주의 타파를 강조하였다. 이 두 가지는 모두 정치적 정당성을 갖고 있었다. 하지만 이를 추진하는 과정에서는 섬세한 접근이 필요했다. 당시 민주당의 당 조직, 지지층의 핵심 기반은 호남이었다. 앞에서 설명한 대로 호남 문제는 민감한 성격을 띠기 때문에 잘못 접근할 경우 오히려 문제를 악화시킬 수도 있었다. 그런데 이를 추진하는 과정에서 무리한 모습들을 보이면서 불필요한 잡음이 나타났고 이것이 심화되어 지지층의 분열이라는 부정적인 방향으로 상황이 전개되었다. 그것이 응축된 사건이 2003년 민주당 분당이었다.

당시 민주당 분당의 원인에는 여러 가지가 있지만 핵심은 '탈호남'을 둘러싼 입장 차이였다. 그 시절 노무현 정권의 핵심은 두 축으로 구성되어 있었는데, 하나는 당시 신주류로 분류되던 천정배, 신기남, 정동영 등 민주당 내 호남 출신 정치인이었고, 다른 하나는 유시민을 중심으로 한 영남 지역 민주화 운동 출신들이었다. 이들은 각자 다른 목적에서 탈호남 담론을 수용하였다. 신주류 세력은 탈호남 담론을 통해서 기존 구주류를 뛰어넘어 당의 새로운 중심이 되려고 하였다. 신주류 세력에게 호남이라는 상징은 구주류에 의해 나타난 호남 내 지역정치의 독점, 낙후, 봉건성이었고, 이들은 기존 민주당 정치에서 이 부분을 극복해야 한다는 점에 주안점을 두었다.

반면 영남 출신 인사들은 위와 같은 점도 중시하지만 근본적으로는 민주당의 호남 중심성을 약화시켜야만 타 지역 특히 영남 지역에서 세를 넓힐 수 있다는 점에 초점을 맞추었다. 그런데 이는 호남을 타자화하면서 호남에 대한 부정적 인식을 내면화하는 전형적인 진보 오리엔탈리즘적 시각이라는 점에서 문제가 있다.

반노 세력이 과거 친노 세력 내부에서 나타났던 위와 같은 인식을 지금의 친노 비판의 근거로 삼을 정도로 당시의 탈호남론에는 문제가 많았다. 그럼에도 이와 같은 접근은 상당한 세를 형성했다. 당시에는 탈호남이 정당 개혁 및 지역주의 타파를 위한 논리로서 수용되었으며, 그 과정에서 구태 세력으로 몰린 민주당 구주류는 신주류 세력과 큰 갈등을 빚었다. 그래서 결국 2003년 9월 열린우리당과 민주당으로 나뉘게 되었다.

5장 진보 오리엔탈리즘, 무엇이 문제인가

분당은 갈등의 끝이 아닌 또 다른 갈등의 시작을 의미했다. 첫 번째 파열음이 나온 것은 2004년 총선을 앞둔 시점에 일어난 노전 대통령 탄핵 사건이었다. 열린우리당이 창당하면서 민주당은 순식간에 소수 야당이 되어버렸다. 그러면서 열린우리당과 민주당 사이의 대립은 격화되었고, 그 와중에 민주당은 한나라당과 공조하여 노 전 대통령에 대한 탄핵을 시도했다. 그러나 노 전 대통령 탄핵에 대한 격렬한 반대 운동이 전개되어 열린우리당은 총선에서 압승하였고 민주당은 더욱 위축되었다.

그런데 열린우리당이 2006년 지방선거에서 궤멸적인 타격을 받게 되자 2007년 대선을 앞두고 내분이 격화되었다. 2007년 2월 김한길 등 열린우리당 의원 23명이 탈당하여 중도개혁통합신당을 창당하면서 민주당 계열 정당의 복잡한 이합집산이 시작되었다. 이 정당은 민주당과 합당하여 2007년 6월 중도통합민주당을 창당하였고 그해 8월에 민주당으로 당명을 개정하였다. 그리고 그 뒤 열린우리당에서 대규모 탈당이 이뤄졌으며 그 세력과 한나라당을 탈당한 손학규 등이 합류하여 8월 5일에 대통합민주신당이 창당되었고, 곧 열린우리당을 흡수 합당하였다. 그래서 17대 대선에서는 대통합민주신당 정동영 후보와 민주당 이인제 후보가 따로 선거를 치렀는데, 2008년 2월 두 당은 합당하여 통합민주당을 창당하였다.

이렇게 복잡한 이합집산을 거쳐 두 당이 합당에 이르면서

진보 오리엔탈리즘을 넘어서

2003년 민주당 분당으로부터 비롯된 구원舊怨은 표면적으로는 해소되었다. 그러나 열린우리당이 소멸되는 것에 대한 친노 세력의 불만은 2008년 손학규 대표 체제가 들어서면서 실제 행동으로 이어져 이해찬 전 국무총리, 유시민 전 보건복지부 장관 등이 탈당하였다. 2003년 민주당 분당에 따른 분열의 상처가 완전히 봉합된 것은 아니었던 것이다. 더군다나 2006년 지방선거, 2007년 대선, 2008년 총선에서 궤멸적인 패배를 당했기 때문에 친노, 반노 가릴 것 없이 민주당 세력 자체가 정치적 존망의 기로에 서 있었다. 결국 2003년 민주당 강화를 위해 제기되었던 '탈호남'은 결과적으로 민주당 세력의 내적 기반을 현저히 약화시키는 부정적 영향을 초래하였으며 그 여파는 매우 길게 지속되었다. 이는 진보 오리엔탈리즘이 초래한 심각한 폐해다.

민주당 세력의 분열이 나타난 두 번째 시기는 2012년 총선부터 2016년 20대 총선을 앞둔 시기까지로, 이때는 새정치민주연합이 더불어민주당과 국민의당으로 분당되었다. 이 시기에는 진보 오리엔탈리즘의 하나인 반노무현주의가 큰 영향을 주어서 새정치민주연합의 분화를 촉발했다. 이 과정을 살펴보기 위해서는 2009년 노 전 대통령의 비극적 서거 이후 나타난 친노 세력의 정치적 재기 움직임과 분화를 먼저 살펴봐야 한다.

노 전 대통령 서거 이후 정치적 재기를 모색했던 친노 그룹은 분화되었다. 원래부터 민주당에 비판적이었던 유시민 등은 민주

당과의 결합 대신 국민참여당을 만들어 독자 노선을 걸었다. 이
해찬, 문성근 등의 친민주당 성향 인사들은 민주당과의 연합을
염두에 두고 외곽에서 민주당의 혁신을 강조했는데, 이들은 진보
적 시민사회 세력과 함께 2011년 12월 7일 시민통합당을 만들고
18일에 민주당과 합당하였다. 그 결과로 나온 정당이 민주통합당
이다.

그런데 민주통합당은 2012년 총선과 대선에서 연이어 패배하
였다. 2010년 지방선거에서 승리하고 2011년 10월 서울시장 재
보선에서 박원순 후보가 당선되면서 야권의 총선 승리와 정권 교
체에 대한 기대감이 높았기 때문에 그 충격은 컸다. 그리고 친노
세력에 대한 비판이 고조되기 시작했다. 당시 민주통합당은 친노
의 리더급 인사였던 한명숙, 이해찬 전 국무총리가 당 대표였으
며, 노 전 대통령의 비서실장 출신이자 오랜 정치적 동지였던 문
재인이 대권 후보였다. 이렇듯 민주통합당은 친노 세력이 주도했
기 때문에 총선과 대선 패배 이후 나타난 친노 세력에 대한 비판
을 단순히 반노 세력에 의한 무차별적 정치 공세라고 치부하기는
어렵다. 이와 같은 배경에서 반노무현주의가 확산된 것이다.

결국 민주통합당은 2013년 5월 다시 민주당으로 당명을 개정하
였고, 2014년 3월 안철수가 이끄는 새정치연합과 통합하여 새정
치민주연합을 출범시켰다. 그런데 반노무현주의가 확산되어 있
었기 때문에 당 내부의 통합적 역량은 쉽게 창출되지 않았다. 특

히 2015년 2·8 전당대회에서 문재인 의원이 박지원 의원을 근소한 차이로 제치고 당 대표가 되었는데, 그 이후 당 내분 상황을 문재인이 제대로 관리하지 못했다. 그래서 2015년 12월 안철수와 반노 성향 의원들이 탈당하여 두 번째 분열이 나타나게 되었다.

이때의 분열은 진보 오리엔탈리즘인 '반노무현' 현상의 문제점이 새정치민주연합 내에서 제대로 해소되지 않고 오히려 증폭되어 나타난 파국적 결과이다. 안철수와 반노 세력이 탈당한 이후 새정치민주연합은 12월 18일 당명을 더불어민주당으로 개명하였고, 탈당파는 2016년 2월 국민의당을 창당하였다.

2003년부터 2016년까지 민주당 계열 정당의 분열 양상을 보면 모두 진보 오리엔탈리즘과 깊은 관련이 있음을 확인할 수 있다. 첫 번째 시기인 2002년부터 2004년까지는 '탈호남', 두 번째 시기인 2012년부터 2015년까지는 '반노무현'이 영향을 주었다. 민주당 세력 내에서 '탈호남'과 '반노무현'이 제기될 당시에는 모두 당의 개혁과 체질 개선을 내세웠지만 결국에는 민주당 내부의 역량을 약화시키는 부정적 결과만 초래하였다. 그 두 가지 모두 보수적 프레임으로 진보의 약화, 진보 내부의 의식의 식민화를 의도하는 진보 오리엔탈리즘의 성격을 띠고 있기 때문이다.

정치적 리더십의 빈곤과 끊임없는 좌우 노선 클릭
—

위에서 살펴본 것처럼 정치 엘리트와 지지층 사이의 중층적 분열은 정치적 피로감을 가중하고 내부 역량을 고갈시킨다. 2015년 12월 새정치민주연합 분당 당시 당의 고질적인 내분에 신물이 난 사람들은 '분당이 되어서 총선 결과가 불투명해졌지만 차라리 잘 되었다'는 냉소적 반응을 보이기도 했다. 분당을 반대했던 사람들에게서도 저런 반응이 나올 정도로 당시 새정치민주연합의 내분은 매우 심각했다.

그런데 이와 같은 갈등이 단순히 정치적 이해관계로만 설명할수 없다는 점에 문제의 심각성이 있다. 진보 오리엔탈리즘에 의해 갈등의 전선이 정치적 노선, 정체성 문제로까지 확대되면서 사안이 복잡해지고 충돌이 더욱 격화되었다. 그래서 친노는 '탈호남'을 내세우며 상대를 지역주의 세력, 구태 정치 세력이라고 폄훼했으며, 반노는 '반노무현'을 통해 상대를 운동권식 극단주의 세력이라고 몰아붙였다. 더군다나 이 같은 내분 과정에서 야당 내부에서 나온 여러 담론을 보수 세력이 그대로 차용하여 야당을 공격하는 수단으로 활용하고 있다. 결과적으로 진보 세력은 보수 세력에게 자신들을 공격할 논리를 스스로 제공하고 있었던 것이다. 그것도 마르지 않는 저수지처럼 말이다.

이런 배경 속에서 정당 내부의 견고한 리더십 형성을 위한 물질적·이념적·정서적 토대 자체가 유동화되었고, 이것이 분열을 초래하게 되었다. 그래서 수평적 차원에서 보면 정치 엘리트 사이에서, 그리고 수직적 차원에서 보면 정치 엘리트와 지지층 사이에서 각각 극단적 갈등과 분화가 발생하게 된다. 그리고 정치 세력과 열성 지지층 사이의 대립과 반목에 따른 갈등은 지지 강도가 낮은 일반 지지층의 정치적 이탈과 이완을 초래한다.

2013년 민주통합당 대선평가위원회에서 펴낸 〈18대 대선 평가 보고서─패배 원인 분석과 민주당의 진로〉를 보면 2002년에 비해 노년, 하층, 자영업자의 이탈이 크다는 것을 알 수 있다. 그리고 진보 세력의 대중적 지지 기반이었던 호남은 보수로 이동하지는 않았지만 내부가 분열되어 있다. 이처럼 대중적 지지 기반이 이완되어 있다 보니 정치적 리더십이 잘 형성되지 않는다. 이는 '닭이 먼저냐 달걀이 먼저냐'처럼 서로가 원인이 되기도 하고 결과가 되기도 하는 그런 관계의 문제다.

또한 이는 민주당 계열 정당이 그동안 보여준 수많은 노선 변경과도 연관이 있다. 선거 패배 등 정당의 위기가 고조되면 민주당 계열 정당들은 자신들이 내세우는 정치적 노선에 문제가 있다고 판단하여 그때마다 노선 변경을 시도하였다. 좌클릭 혹은 우클릭은 이와 같은 배경 속에서 나왔다. 2007년 대선 패배 이후 친노 운동권 세력이 퇴조하면서 당시 민주당 내에 중도화 바람이 거세게 불었다. 운동권 정서와 논리 때문에 중도층이 이반하여 당이 위기에 처했다고 본 것이다. 그런데 2010년 지방선거 승리 이후에는 좌클릭을 강조하였다. 그래서 2012년 총선을 앞두고 조직적으로는 통합진보당과 야권 연대를 했고 정책적으로는 FTA 재협상 등을 강조하였다.[68] 그런데 총선과 대선에서 패배하자 2013년도에는 다시 중도를 강조하며 우클릭 바람이 불었다.

이처럼 짧은 기간에 당 노선의 중심축이 자주 이동한다는 것 자체가 매우 비정상적이다. 당명이 변경된 것만큼 좌클릭, 우클릭이 시도 때도 없이 반복되었다고 볼 수 있는데, 최근에는 '저클릭'이라는 말도 나온다. 진보 색채를 강화하는 좌클릭과 중도를 강조하는 우클릭이 본질이 아니라 민중의 삶 속으로 들어가야 한다는 저클릭이 핵심이라는 것이다. 다 좋은 말이고 일리가 있다. 그런데 한국 정치에서 한 진영을 대표하고 집권 경험도 있는 거대 정당이라면 이제는 그와 같은 '클릭' 논쟁을 끝낼 때가 되었다. 도대체 언제까지 그럴 것인가? 그러나 상황은 낙관적이지 않다.

그러면 이는 어떤 문제를 초래할까? 먼저 정치적 신뢰를 저하시킨다. 정치의 기본은 자신이 대변하고자 하는 대상의 경계선을 구분하는 것이다. 가치, 이해관계 등 공동체 내부에서 발생하는 차이를 조율하고 조정하기 위해서는 무엇보다 경계선이 명확해야 한다. 그래야만 예측 가능한 정치 행위를 할 수 있다. 그렇기에 경계선 설정은 정치의 기본이다. 그런데 정치 노선을 조석변개하듯 바꾼다는 것은 정치 세력이 자신이 서 있는 곳과 나아가

진보 오리엔탈리즘을 넘어서

야 할 좌표를 상실했다는 사실을 뜻한다.

정치적 신뢰의 저하는 지지층과 경쟁 상대 양측에 모두 악영향을 끼친다. 정치적 신뢰의 저하는 정치 세력과 지지층 사이의 유기적 통합성을 낮추는데, 그렇게 되면 정치 세력은 전통적 지지층을 붙잡기 위해 부정적 통합 전략을 과도하게 사용할 가능성이 높아진다. 보수 세력이 정치적 위기에 처할 때마다 종북 공세를 펼치는 의도를 생각해본다면 쉽게 이해할 수 있을 것이다. 그런데 한쪽이 이렇게 나오게 되면 상대 역시 같은 방식으로 나올 가능성이 높아진다. 상호 간에 신뢰가 낮을 경우 감정적 적대를 불러일으킬 수 있는 부정적 통합 전략이 합리적인 선택으로 인식되는 것이다. 한국 정치에서는 이와 같은 모습이 자주 발견된다.

그다음으로 이미지 정치가 과도하게 강조될 여지가 크다. 실질이 빈곤하니 결국 정치적 포장과 선전에 중점을 둘 수밖에 없게 된다. 이 같은 이미지 정치는 결국 맹목적인 포퓰리즘으로 이어진다. 그런 까닭에 내분에 따른 리더십의 부재는 끊임없는 좌우 노선 변경의 원인으로 작용한다. 결국 내부 분열, 리더십 빈곤, 중심의 상실, 이 세 가지는 연결 고리를 이루며 이어진다.

이와 같은 상황을 초래한 근본 배경이 바로 진보 오리엔탈리즘이다. 진보 오리엔탈리즘에 의해 진보 내부에서 자기 파괴적 논리를 내부 혁신의 수단으로 오인하면서 소모적인 쟁투가 벌어진다. 그래서 안으로부터 거대한 침식과 균열이 발생하여 연쇄적으로 여러 가지 부정적인 모습들이 나타나게 된 것이다.

순치된, 순화된 진보

—

진보 오리엔탈리즘이 진보 세력에 끼친 악영향 중의 하나가 진보 세력의 정치적 투쟁력을 약화시켰다는 것이다. 과거 진보 세력은 민주화 운동 과정에서 희생을 감수하면서도 격렬한 투쟁을 마다하지 않았다. 그런데 그 세력으로부터 연원한 현재의 진보 세력은 패기, 결기, 용기가 부족하거나 아예 찾아보기 힘들다는 비판이 나오고 있다. 그래서 이명박-박근혜 정권 시절 야당인 진보 세력은 야성野性을 잃어버렸다는 말을 듣곤 했다.

이에 대한 원인으로 정당에 국고보조금이 제공되면서 진보 세력이 과거의 헝그리 정신을 잃어버렸다는 지적이 있다. 또한 선출직 고위 공직에 당선되기 유리한 정치인들은 국정을 책임지는 여당이 되기보다 야당에 머무는 것이 더 편하다는 점이 언급되기도 했다. 그래서 정권을 탈환하기 위해 악착같이 노력할 필요성을 느끼지 않게 되었다는 것이다. 물론 이와 같은 요인들이 영향을 주었다고 볼 수 있다. 하지만 근본적인 이유는 될 수 없다. 그리고 정치계급화된 정치인들만 있지 않고 보수 세력을 극복하겠다는 신념과 의지가 강한 인물들도 상당히 많다.

그럼에도 진보 세력이 야성을 잃어버렸다는 비판이 나오는 이유는 무엇일까? 이는 진보 세력이 고의적으로 의도한 것이 아니라 진보 세력 스스로도 모르게 그와 같은 상태(결과적으로 야성을 잃어버렸다고 비판받는 상태)가 옳다고 자연스럽게 믿게 된 것과 연관이 있다. 그리고 그 뒤에는 진보 세력의 투쟁을 불온시하는 진보 오리엔탈리즘이 있다.

일반적으로 '정쟁'은 부정적인 맥락에서 사용된다. 정쟁에 대한 부정적 인식이 광범위하게 퍼져 있는 것에는 분명 이해 가는 측면이 있으며 진보 세력도 이에 책임이 있다. 그러나 현재처럼 정쟁 자체를 부정적으로 인식하고, 진보 세력 내부에서도 그러한 인식을 일방적으로 수용하는 것은 대단히 큰 문제다. 본디 정치는 갈등을 다루는 것이므로 그 과정에서 크고 작은 대립이 수반될 수밖에 없기 때문이다. 따라서 정상적 정치 과정에서 정쟁은 필연적이다.

정쟁은 갈등이 공론화되어 문제 해결을 위한 단계로 진입했다는 것을 의미한다. 특히 진보 세력은 기존 기득권 보수 세력이 구축해놓은 각종 체계와 질서에 도전하는 입장이므로 진보 세력은 보수 세력을 상대로 지속적으로 정쟁을 해야만 한다. 그러므로 정쟁 자체를 불온시하는 진보 오리엔탈리즘적 시각은 정쟁 자체의 성격 그리고 진보가 처해 있는 배경을 고려해볼 때 문제가 있다. 또한 그러한 진보 오리엔탈리즘적 인식은 갈등을 끌어내고 자신이 대변하는 가치와 이익을 위해 때로는 격렬한 투쟁도 마다

하지 않아야 하는 진보 세력의 정치적 대응 능력을 약화시킨다. 순치된 진보, 현실에 순응하는 순한 진보가 되도록 하는 것이다.

이 문제는 '싸가지 없는 진보' 담론의 역작용과도 관련이 있다. '싸가지 없는 진보' 담론은 독선적이고 이분법적 시각에 함몰된 진보 세력의 태도와 인식의 문제점을 지적한다. 그 자체는 진보의 강화를 위한 진보 개혁론의 관점에서 제기된 것이다. 그런데 이것이 확산되면서 원래 진보를 위한 담론이었던 '싸가지 없는 진보'가 오히려 진보를 약화시키는 부정적 영향이 나타났다. 이는 정쟁을 불온시하는 진보 오리엔탈리즘과 맞물려 있는데, 두 가지 측면에서 이 문제를 살펴볼 수 있다.

먼저 '싸가지 없는 진보' 담론이 진보의 투쟁성을 약화시키는 수단으로 활용되고 있다는 점에 주목할 필요가 있다. 보수 세력은 상당히 권위적인 방식으로 통치했기 때문에 진보 세력은 이에 크게 반발할 수밖에 없었다. 그 과정에서 소위 강경 투쟁 방식을 동원해야만 하는 경우가 있다. 2016년 초에 있었던 필리버스터가 대표적인 사례다. 보수 세력은 이러한 적극적 투쟁을 주도하는 정치인들을 주로 '강경 운동권'으로 프레임화하면서 공격하는데, 이는 '싸가지 없는 진보'와 연관된 개념이자 담론이다. '싸가지'는 주로 말에 관한 것이라면 '강경'은 말과 행동 모두를 포괄하는 것으로 이해할 수 있다.

물론 내실 없이 과도한 자극에만 의존하는 정치적 행태를 지적하고 비판하는 것은 의미 있다. 하지만 그보다는 정치인의 용기와 결기 있는 자세를 약화시키는 데 이 담론이 활용되고 있다는 점이 문제다. 그러므로 진보 세력은 보수 세력의 그와 같은 공세를 섬세하게 구분해서 대처해야 한다. 그런데 이명박-박근혜 정권 시기의 여야 관계를 보면 진보 야권이 보수의 공세에 쉽게 위축된 경우가 많았다. '싸가지 없는 진보'라는 의식이 진보 진영에 내면화되었던 것이다. 그래서 당시 진보 세력은 선명하면서도 용기 있는 태도를 보이는 데 주저하는 경우가 많았고, 이로 인해 진보 세력이 무기력하다는 평가가 나오게 된 것이다.

두 번째로 살펴볼 측면은 범진보 세력 내부의 문제점이다. 야권 무기력의 원인을 '싸가지 없는 진보'에서 찾고 이와 관련해서 운동권 세력을 불신하고 비토하는 경우가 있는데, 싸가지 문제 등 운동권 정치인에 대한 비판은 그 자체로 지적하면 된다. 문제는 진보 정체성과 관련된 현안에 소홀하고 행동도 제대로 하지 않는 세력이 운동권 세력을 '싸가지 없는 진보' 담론으로 비판하는 경우다. 그러면서 이들은 정쟁을 피하는 순치된 진보의 모습이 품격 있는 정치이자 진보를 위한 태도라고 강조한다.

그런데 진보 약화의 원인은 자신의 정체성을 제대로 강조하며 격렬한 정쟁을 불사하는 태도가 부족했다는 데 있다. 물론 운동권 정치인들에게 어느 정도 편향성이 있다는 점은 충분히 근거가 있는 지적이다. 그러나 이는 보완의 대상이지 배제의 대상이 될

5장 진보 오리엔탈리즘, 무엇이 문제인가

수 없다. 하지만 진보 오리엔탈리즘과 연계되어 통용되는 '싸가지 없는 진보' 담론은 보완이 아니라 배제를 강조한다. 그러므로 이 는 진보 강화가 아닌 진보 약화의 논리가 된다.

물론 운동권 세력에 대한 기존의 여러 비판에는 상당한 근거가 있다. 그러나 과유불급인 경우가 너무 많다. 운동권 전반을 '낡은 진보'라고 이분법적으로 구분하고 '싸가지 없는 진보'를 과도하 게 강조하는 것은 진보 오리엔탈리즘에 의한 의식의 식민화·무력 화와 관련돼 있다. 이 같은 상황이 지속되면 보신주의로 무장한 진보 정치인들만 남게 될 공산이 크다. 따라서 공과 과를 구분해 서 취장보단取長補短의 자세로 접근하는 것이 필요하다. 반노 진영 에서 광의의 친노인 운동권 세력을 견제하기 위한 목적으로 위와 같은 담론을 무비판적으로 사용하는 것은 결국 교각살우矯角殺牛 의 우를 범하게 될 뿐이다.

중도화는 필요하나 영혼 없는 방식은 곤란하다

—

정당은 선거에서의 승리를 목적으로 하는 조직이기 때문에 더 많 은 사람들의 지지를 얻기 위해 각종 정치적 행동을 하게 된다. 정 당이 타깃으로 하는 대상은 두 가지 유형으로 나뉜다. 먼저 흔히 '집토끼'라고 불리는 집단으로 특정 진영과 정당에 대한 적극적 지지 세력이다. 이들은 오랜 역사적 경험 속에서 나름의 정치적

진보 오리엔탈리즘을 넘어서

입장을 형성하였기 때문에 정치적 성향이 명확하고 지지 강도도 강하다. 그다음은 '산토끼'라 불리는 집단으로 정치적 성향이 명확하지 않아서 유동적이며 국면에 따라 정치적 입장을 자주 바꾸는 집단이다. 그래서 이들은 스윙 보터swing voter, 정치적 중도층(중간층)이라 불린다.

적극적 지지층인 집토끼만으로 선거에서 승리할 수 있다면 정당 입장에서는 매우 편할 것이다. 정치 세력과 적극적 지지층은 비슷한 이해관계와 정서를 공유하고 있기 때문이다. 그런데 스윙 보터인 산토끼는 다르다. 이들은 특정 정당에 대한 일체감이 약하기 때문에 이들의 지지를 얻으려면 상당한 수고를 감내해야만 한다. 하지만 적극적 지지층만으로 선거 승리가 불가능하기 때문에 정치적 중간층을 끌어들이기 위한 노력이 필요하다.

그런데 중간층에 치우진 행보는 전통적 지지층의 이반을 초래할 수 있고, 역으로 전통적 지지층에 치우친 정치적 행보는 중간층의 반발을 초래할 수 있다. 《시사인》의 천관율 기자는 자신의 페이스북에서 '좌방한계선'과 '우방한계선'이란 개념으로 이 같은 역학 관계를 통찰력 있게 분석한 바 있다. '좌방한계선'은 정통 우파 유권자가 용인할 수 있는 최대치이므로 우파 정치인이 좌클릭 할 수 있는 한계선을 뜻하며, 반대로 '우방한계선'은 정통 좌파 유권자가 용인할 수 있는 최대치이므로 좌파 정치인이 우클릭 할 수 있는 한계선이다.

1987년 민주화 이후 중도화 전략을 선도적으로 제시한 세력은 보수 세력이었다. 보수 세력은 1990년 3당 합당을 통해서 민주화운동 세력의 한 축인 김영삼 진영을 끌어들였다. 3당 합당은 지금까지도 한국 정당정치 질서에 영향을 줄 정도로 역사적 파장이 매우 큰 사안이었다. 3당 합당을 야합이라고 규정하는 당위론적 차원의 비판이 주로 제기되는데, 당위적 측면 이외의 시각에서 3당 합당을 바라볼 필요도 있다. 그렇게 보면 3당 합당은 정권 재창출을 위한 보수 세력의 중도화 전략의 산물이라고 평가할 수 있다. 보수 세력이 1996년 총선을 앞두고 민중당 삼총사, 2012년 대선을 앞두고 친노 세력과 갈등을 빚고 있던 구 민주당계 정치인들을 영입한 것도 같은 맥락에서 볼 수 있는 사안이다.

　　진보 진영에서도 역시 중도화 전략을 취해왔다. 3당 합당 이후 그리고 1992년 14대 대선을 앞두고 김대중은 뉴DJ 플랜을 내세우면서 이념 및 정책적인 측면에서 중도화 전략을 취했다. 군사 권위주의 정권 때부터 형성되어온 '급진적' 이미지를 탈각시키기 위한 것이었다. 1997년 대선을 앞두고는 DJP 연합을 이루고 박태준 및 당시 구 여권 인사들을 영입하면서 인적·세력적인 측면에서 중도화 전략을 본격화하기도 했다. 그 뒤에도 민주당 계열 정당은 지속적으로 중도화 전략을 취했다. 특히 전통적 지지층의 절댓값이 보수에 비해 작은 진보에게 중도화를 통한 지지세 확장은 필수적인 일이었다. 대선 때마다 반복되는 단일화 논의는 이

진보 오리엔탈리즘을 넘어서

와 같은 진보 진영의 정치적 여건과 관련되어 있다.

그런데 이 중도화 전략은 잘해야만 한다. 앞에서 설명한 대로 중도화 자체가 집토끼와 산토끼 사이의 균열을 초래할 수 있기 때문이다. 특히 진보는 중도화 전략 추진에 있어서 보수에 비해 불리한 여건에 놓여 있다. 우선 기본 지지층, 즉 집토끼의 절댓값이 보수에 비해 작기 때문에 중도화를 통해서 새롭게 확보해야 하는 부분이 크다는 사실이다. 그만큼 중심에서 더 먼 지점까지 고려해야 하기 때문에 핵심과 주변, 기존과 신규 지지층 사이의 간극이 더 넓고 깊다. 그래서 진보는 더욱더 정교한 전략을 세워야만 한다.

더욱이 진보 핵심 지지층은 가치를 중시하는 경향이 강해 내부적으로 쉽게 융합하지 못한다. 가치는 추상적이고 주관적인 속성이 강하기 때문에 독자적인 여러 개의 중심이 산재되어 있는 경우가 많다. 그래서 개별적으로 보면 진보적 정체성이 명확함에도 부분을 넘어 통일된 합을 이루는 것은 상당히 어렵다. 이를 보수와 비교해보면 더욱 확연해진다. 보수는 현실적 이익을 중심에 놓고 사안을 판단하는 경향이 강한데, 이익은 구체적이고 명확하기 때문에 이를 통한 보수 핵심 지지층의 응집력은 강하다. 따라서 진보가 보수보다 산토끼 확보 과정에서 더 복잡하고 강한 갈등을 겪게 될 가능성이 높다. 그래서 진보는 중도화 전략을 성공시키려면 우선 전통적 지지층 자체를 단단하게 만드는 작업을 선행해야 한다. 진보가 보수에 비해 어려운 지점이 바로 이것이다.

그런데 진보 오리엔탈리즘은 자신의 중심을 흔들리게 한다. 올바른 중도화는 중심을 견지한 상태에서 외연을 확장하는 것이다. 그런데 진보 오리엔탈리즘의 영향으로 중심이 흔들리게 되면 중심 이동의 빈도가 잦아지고 그 폭도 넓어진다. 그러면서 기존 중심을 타자화하고 소외시킨다. 이렇게 되면 중도화를 통해서 얻고자 했던, 외연 확장을 통한 세력 강화 효과를 얻기 힘들다. 이 같은 문제 속에서 나온 것이 '중도 아웃소싱'으로, 2016년 초반의 김종인 현상도 이와 관련되어 있다.

중도 아웃소싱의 문제점을 살펴보기 위해서는 중도화 전략을 성공적으로 수행한 김대중의 경우와 비교해볼 필요가 있다. 그렇다면 김대중의 중도화 전략의 내용과 성격은 무엇이었나? 김대중이 정책적인 방향에서 중도화 전략을 구체화한 것이 바로 1992년 대선 전에 나온 뉴DJ 플랜이었다. 그리고 인물과 정치 세력을 향한 중도화 전략을 시도한 것은 1995년부터였다. 이러한 노력이 모두 결실을 맺어 결국 정권 교체에 성공한 것이다.

여기서 주목할 점은 당시 영입한 구 여권 인사들이 김대중 정권에 어떤 영향을 주었는가 하는 점이다. 이들은 크게 두 부류로 나뉜다. 기존 국정 경험 능력을 바탕으로 김대중 전 대통령의 정책 이념이 현실화되도록 노력한 부류가 있고, 특별한 기여도 없이 임명직 자리를 통해서 이득을 얻는 데 만족한 부류가 있다. 그래서 수많은 구 여권 인사들이 정권에 참여했지만 정부의 기본 방향 설정 과정에는 사실상 별다른 영향을 주지 않았다. 김대중이 강조한 대로 실제 국민의 정부는 김대중을 정점으로 한 민주화 세력의 가치와 지향에 따라서 운영됐다.

그런데 최근의 중도화 전략은 그 성격이 많이 다르다. 중도화 전략의 주체를 아웃소싱하기 때문에 진보 세력이 그 과정에서 배제되고 있는데, 이는 진보 세력이 자초한 일이다. 더불어민주당은 2016년 총선을 앞두고 김종인에게 전권을 넘겨줬다. 김종인은 보수 주류 출신으로 보수 내에 일정 정도 영향력을 지니고 있다. 또한 김종인은 민주당 세력이 항상 부족하다고 지적받는 능력 있는 '경제 정당' 이미지를 제고하는 데 기여할 수 있다. 그래서 총선 전에 김종인을 영입한 것 자체는 긍정적이었다.

문제는 김종인이 대표를 맡게 되고 민주당 세력의 문제점을 해결하는 계몽군주와 같은 역할을 자처했다는 점이다. 김종인은 대표로 있던 길지 않은 시간 동안 광의의 친노인 운동권 세력의 인식과 문화에 대해 많은 비판을 했다. 실제 그가 막강한 권한을 행사했던 20대 총선 공천 과정에서 그는 광의의 친노 세력인 정청래 의원과 협의의 친노 세력인 이해찬 의원을 사실상 '친노 운동권의 상징'이라는 정무적 이유로 컷오프시킨 바 있다. 2016년 3월 23일에는 당내 일부 세력의 정체성 문제를 해결하지 않으면 수권 정당으로 갈 수 없다고 말했다. 당시 김종인 대표가 가리킨 대상

225

이 운동권, 즉 광의의 친노 세력으로 불리는 친노 운동권을 의미한다는 것은 삼척동자도 알 만한 사실이다.

그런데 이와 같은 방식이 과연 야권의 역량 강화에 긍정적인 효과를 줄 수 있을지에 대해서는 상당히 회의적이다. 2016년 총선을 앞두고 문재인 대표가 김종인을 영입한 것은 중도화 전략의 일환이었다. 그런데 이와 같은 방식의 중도화 전략은 치명적인 한계가 있었다. 그것은 김종인에게 중도화의 상징을 그냥 위임해 버렸다는 사실과 관련이 있다. 물론 김종인 대표가 중도화 전략을 성공적으로 수행할 수 있는 인물이라면 큰 문제가 아닐 수 있다. 그런데 그는 전통 주류 출신으로 정치적 체질과 인식 등에 있어 더불어민주당의 중도화 전략을 이끌고 가기에는 한계가 있는 인물이었다. 김종인은 좋은 조력자이자 파트너일 수는 있지만 중심이 되기에는 여러 한계가 명확하다.

올바른 중도화를 위해서는 중심이 제대로 자리 잡혀 있어야 한다. 그래야만 산토끼와 집토끼 사이의 딜레마에서 벗어나 정치적인 자율성을 확보할 수 있다. 중도화에 성공한 김대중의 역사적 경험은 이것을 증명해준다. 오늘날 민주당 세력이 중도화를 중시함에도 그것이 제대로 되지 않는 이유는 진보 오리엔탈리즘에 의해 내부가 이완되어 있기 때문이다. 또 정치적 자율성을 확보하지 못하고 오히려 보수적 프레임에 의해 규율된 타율적 정치 주체가 되었기 때문에 성공적인 중도화를 못 하고 있는 것이다.

역사의 전환점이 된 20대 총선:
국민이 수렁에 빠진 진보 세력을 구하다

진보 세력의 총선 승리는 무엇을 뜻하는가?

—

2016년 20대 총선에서 진보 세력은 보수 세력을 상대로 큰 승리를 거두었다. 이는 세 가지 이유에서 예상 밖의 사건이었다. 첫째, 여론 조사 결과에서 보수 세력인 새누리당이 우세할 것으로 나왔기 때문이다. 둘째, 민주당 세력이 분열되었기 때문에 소선거구 단순다수제하에서 진보 세력이 불리할 것이라고 보았기 때문이다. 셋째, 총선의 경우 선거구 상황상 영남 지역 지역구 당선자 수의 열세로 진보 세력이 보수 세력을 이기기 어렵기 때문이었다.

그러나 20대 총선에서 범진보 야권 세력은 보수 여당인 새누리당을 상대로 큰 격차로 승리하였다. 당시로서는 꽤 충격적인 일이었다. 그러면 선거 전에 이와 같은 민심을 제대로 읽지 못했던 이유는 무엇일까? 여기에는 두 가지 요인이 있는데, 일단 여론조사 방식에 문제점이 있었다. 기술적으로 보면 당시 여건상 특히 도시 지역을 중심으로 모집단인 실제 지역구 유권자의 사회인구학적 특성을 제대로 대표하는 표본을 추출하기 어려웠다. 그렇다 보니 지역구 단위 여론 조사에서 오류가 나타났던 것이다. 그 다음은 야권 분열로 불리해진 요인을 상쇄할 만큼 20대 총선에서 박근혜 정권 심판론이 큰 힘을 발휘했다는 점이다.

이 선거에서의 승리는 의미가 매우 크다. 박근혜 정권 후반기에 실시된 20대 총선은 2017년 대선을 앞둔 여론의 풍향계라는 평가를 받았다. 이 선거에서 당시 진보 야권 세력이 승리하자 신보수주의 정권이 힘으로 견고하게 구축해놓은 방어막에 커다란 균열이 생기게 되었다. 한국의 신보수주의 정권인 이명박-박근혜 두 정권은 힘을 통한 강권 통치를 했다. 그 과정에서 여러 문제점이 발생했는데 이는 권력의 힘이 이완되면 언제든지 튀어나올 수 있는 상황이었다. 실제 강권 통치는 외부의 힘에 무너지기도 하지만 내부에서 무너지는 경우가 많다. 강권 통치 과정에서 많은 무리수를 두게 되는데, 상당수의 사람들이 조직 논리에 위축되어 이를 기계적으로 수용하고 집행하지만 그중에는 이를 비판적으로 인식하고 기회가 되면 이를 바로잡아야 한다고 생각하는 사람들도 있기 마련이다.

그러나 영웅은 쉽게 나오는 것이 아니다. 그래서 개인의 양심과 신념에만 기대어 변화를 기대하는 것은 무리다. 그래서 정치적 환경의 변화 등으로 개인의 양심적 선택을 유도하는 것은 필요하다. 이는 개인뿐 아니라 여론과 정치적 세력 변화에 민감하게 반응하는 여러 기관에도 해당하는 것이다. 2016년 하반기 최순실 파문이 확산되는 과정을 보면 이를 명확하게 알 수 있다. 만약 총선에서 보수 세력이 승리했다면 그와 같은 변화가 나타났으리라고 장담하기 힘들다. 그만큼 총선 승리는 중요한 의미를 갖는다.

진보 세력은 20대 총선을 앞두고 자칫하면 자멸할 수 있는 절체절명의 위기 상황에 놓여 있었다. 선거를 앞두고 분당되었기 때문이다. 그런데 실제 선거에서 진보 야권은 대승을 거두었다. 그 원인은 무엇일까? '분당이라는 불리한 여건 속에서도 승리했다'와 '분당을 했기 때문에 승리했다'는 전혀 다른 의미다. 그렇다면 진실은 무엇일까? 그리고 여기에 진보 오리엔탈리즘은 어떤 관련이 있을까?

야권의 분열이 총선 승리로 이어졌다는 주장은 사실인가?

—

사실 선거가 실시되기 전까지만 해도 새정치민주연합이 더불어민주당과 국민의당으로 분당되었기 때문에 진보 야권이 총선에서 실패할 것이라는 의견이 지배적이었다. 소선거구 단순다수제하에서는 한 표라도 더 얻은 후보가 당선되기 때문에 전통적 지지층이 분열한 진보 야권이 불리할 수밖에 없다는 이유에서였다. 하지만 예상과 달리 야권의 대승으로 끝난 20대 총선 결과는 그러한 일반적 해석에 의문을 자아냈다.

그래서 '야권 분열은 필패'라는 전제가 잘못되었고 오히려 야권 분열이 야권의 외연 확장에 도움이 되었다는 주장이 상당히 설득력 있게 제시되었다. 많은 이들이 국민의당 변수에 주목하며 국민의당이 새누리당 지지층을 잠식하여 야권의 대승에 기여했다는 주장에 동의하기도 했다. 국민의당 안철수 의원도 국민의당이 있었기 때문에 총선에서 승리할 수 있었으며, 일대일 대결로 갔더라면 패했을 것이라는 입장을 밝히기도 했다. 특히 정당 투표에서 국민의당이 26.7퍼센트를 얻어 더불어민주당(25.5퍼센트)을 제치고 2위를 차지하면서 이 논리는 사실로 받아들여지고 있다. 선거 직전까지만 해도 국민의당은 야권 분열을 초래한 주요 세력으로 지목되어 선거 패배가 현실화될 경우 커다란 비난에 직면할 것으로 보였다. 그렇기에 총선 이후의 상황은 매우 놀라울 정도다.

그런데 이 주장은 사실일까? 과연 국민의당을 창당한 안철수의 정치적 결단이 참패가 예상되었던 야권의 정치적 운명을 뒤바꾼

진보 오리엔탈리즘을 넘어서

신의 한 수였을까? 이 같은 항간의 해석, 특히 안철수 지지자들의 주장은 근거가 매우 부족하다. 그럼에도 20대 총선 이후 안철수의 결단이 부각되는 현상이 나타났다. 하지만 2017년 19대 대선과 이후의 정치 질서를 고민할 때 20대 총선 결과에 대한 객관적 진단은 반드시 필요하다.

우선 국민의당이 정당투표에서 새누리당 지지층을 끌어들여 비례대표에서 당선자 수를 늘린 것은 맞다. 하지만 당시 진보 야권이 대승을 하게 된 핵심 이유는 지역구에서의 승리였다. 그런데 지역구 선거에서 압승을 한 주체는 더불어민주당이었으며, 지역구 선거에서 국민의당은 긍정적 역할을 한 것이 없고 오히려 부정적 역할만 했다고 판단된다. 지금부터 그 이유를 여러 근거를 통해 밝히도록 하겠다.

제3당인 국민의당이 진보 야권의 외연 확장에 기여한다는 논리는 이렇다. 새누리당 지지층 내에서 새누리당에 비판적 견해를 갖고 있으면서도 더불어민주당을 대안으로 인식하지 않는 사람들이 있는데, 제3당이 있을 경우 이들이 이동하여 새누리당 표가 줄어서 결과적으로 야권의 외연 확장에 기여한다는 것이다. 더불어 정치적 무당파 중에서 새롭게 정치에 관심을 갖는 층에 대한 유인 효과도 언급된다. 그래서 기존 새누리당 지지층에서 끌어오고 새로 확보한 야권 지지층의 합이 기존 야권 지지층의 분열에 따른 마이너스 요인보다 크기 때문에 야권의 확장에 기여한다는 것이다.

이를 비판하는 측의 논리는 다음과 같다. 그러한 플러스 효과를 인정하기는 하지만, 더불어민주당과 국민의당 사이의 분열은 전통적 지지층의 분화를 의미하기 때문에 새누리당과 치열하게 경쟁하는 비호남 지역에서 불리하게 작용한다는 것이다. 이렇게 볼 때 긍정론과 비판론이 나뉘는 지점은 매우 간단하다. 두 주장 모두 플러스 요인과 마이너스 요인이 있다는 점에 대해서는 견해를 같이하는데, 그 합이 플러스가 된다고 보는 쪽이 긍정론, 마이너스가 된다고 보는 쪽이 부정론인 것이다.

우선 정당투표 결과를 보면 긍정론의 효과를 확인할 수 있다. 국민의당은 20대 총선에서 총 13명의 비례대표 당선자를 배출했는데, 정당투표에서 국민의당을 지지한 국민들은 기존 새누리당과 민주당 지지층이 섞여 있다. 지역별로 얻은 정당 득표율의 경향을 볼 때 기존 민주당 지지자들이 좀 더 넘어갔을 것으로 보이긴 하지만, 기존 새누리당 지지층에서도 상당한 숫자가 넘어갔을 것이라는 추정도 충분히 가능하다. 20대 총선에서 정권 심판론이 가장 큰 영향을 주었다는 것이 확인되었기 때문이다. 그렇게 보면 국민의당이 정권에 비판적이었던 기존 새누리당 지지층을 끌어들여 대략 4석 정도 야권의 추가적인 의석수 확대에 기여했다고 추정해볼 수 있다.

그러면 지역구는 어떨까? 비례대표 의석수 증가가 큰 성과임에는 틀림없지만 관건은 전체 300개 의석 중 253개가 걸려 있는 지역구다. 이번 총선에서 야당이 압승을 한 것도 결국 지역구에서 승리했기 때문이다. 여기서도 국민의당 변수가 영향을 주었을까? 이것을 알아보려면 지역구에서의 야권 승리가 국민의당 효과라는 점과 야권이 패배한 지역의 경우 국민의당 효과가 없었기 때문이라는 점을 증명하면 된다. 그러면 지역구에서의 야권 승리가 국민의당 변수에 의한 결과라는 가설을 입증할 수 있다. 그런데 직접 분석해보니 이 같은 가설은 설득력이 떨어진다고 판단된다. 그 이유는 다음과 같다.

야권이 지역구에서 대승할 수 있었던 것은 3개 권역에서 19대 총선보다 좋은 결과를 거두었기 때문이다. 수도권에서 압승했고, 충청권에서는 대등한 성적을 거두었으며, 영남권에서 선전했다. 그런데 이 세 지역에서 야권의 외연 확장을 이룬 정당은 국민의당이 아니라 더불어민주당이다. 국민의당이 지역구 당선자를 낸 곳은 모두 원래 야권이 의석을 차지하고 있던 지역이었다. 그 외의 지역에서 국민의당은 새롭게 지역구 의석수를 추가하지 못했다. 그러므로 국민의당은 비례대표와 달리 지역구에서는 아무런 역할을 하지 못했다. 안철수는 더불어민주당이 외연 확장을 하기 어렵고 국민의당이 외연 확장을 할 수 있다고 주장했다. 그런데 지역구 선거 결과를 보면 외연 확장을 이룬 정당은 더불어민주당이다. 안철수의 말이 틀린 것이다.

이에 대해 안철수의 논리를 옹호하는 측은 국민의당이 주연이 되지는 못했지만 새누리당 지지층의 표를 잠식하여 결과적으로 더불어민주당 후보를 도와주는 조력자의 역할을 했다는 논리를 펼친다. 비록 새누리당을 이기는 주연의 역할은 더불어민주당이 했지만 실제 주연 못지않은 조연의 역할을 한 것이 국민의당이라는 것이다.

하지만 이러한 주장은 설득력이 없다. 구체적인 선거 결과를 통해 이를 확인하기 위해 국민의당이 없었던 2012년에 치러진 19대 총선 결과와 국민의당이 있었던 20대 총선 결과를 비교해보고자 한다. 다만 정치·사회적 상황, 후보 요인 등등 여러 요인에 변화가 있었으므로 정확한 비교는 사실 어렵다. 따라서 새누리당, 더불어민주당 지지층 잠식과 관련된 국민의당 효과를 계량적인 수치로 정확하게 제시하는 것은 사실상 불가능하다는 점을 감안해야 한다.

물론 20대 총선 투표자를 대상으로 사후 여론 조사를 실시하여 야권 연대를 가정한 결과를 가지고 실제 총선 결과와 비교하는 방식이 이론적으로는 가능하다. 그러나 이 방식은 사후 여론 조사도 여론 조사이므로 오차가 있을 수밖에 없다는 한계가 있다. 그리고 무엇보다 특정 지역구 단위별로 실제 모집단(전체 투표자)을 대표할 수 있는 표본(사후 여론 조사 대상자)을 정확하게 표집하기란 매우 까다로운 일이다. 시간이 지날수록 선거 당일의 표심

진보 오리엔탈리즘을 넘어서

과 달라지는 경우가 나타난다는 점도 문제다.

그래서 현실적인 여건을 고려하여 이 글에서는 19대 총선과 20대 총선 결과를 비교해 국민의당 변수 효과를 가늠해보려고 한다. 비교의 객관성을 높이기 위하여 가급적 19대와 20대 총선에서 후보자가 동일한 경우를 우선적으로 인용했다.

야권이 지역구에서 승리한 이유:
분열 때문이 아니라 분열했음에도 이긴 것

—

먼저 두 선거를 비교해보면 새누리당 지지층에서 더불어민주당 지지로 이동했거나 무당파에서 더불어민주당 지지층으로 이동한 경우가 확인된다. 이 경우는 더불어민주당 자체가 외연을 확장했다는 것을 의미하기 때문에 안철수를 비롯한 국민의당의 논리를 반박할 수 있는 핵심 근거가 된다. 먼저 국민의당 후보가 없어서 사실상 여야 일대일 대결로 두 차례 선거를 치른 사례에서 그 변화를 명확하게 확인할 수 있다.

서울 동대문을 지역구를 보면 19대 총선에서는 새누리당 홍준표 후보가 44.5퍼센트, 민주통합당 민병두 후보가 52.9퍼센트, 기타 두 명의 후보가 1.56퍼센트를 얻었다. 그런데 20대 총선에서는 새누리당 박준선 후보가 38.2퍼센트, 더불어민주당 민병두 후보가 58.2퍼센트, 민중연합당 후보가 3.7퍼센트를 얻었다. 은평갑 지역을 보면 19대 총선에서는 새누리당 최홍재 후보가 41.5퍼센트, 민주통합당 이미경 후보가 49.5퍼센트, 진보신당 안효상 후보가 4.3퍼센트, 무소속 이재식 후보가 5.2퍼센트를 얻었다. 그런데 20대 총선에서는 새누리당 최홍재 후보가 40.9퍼센트, 더불어민주당 박주민 후보가 54.9퍼센트, 노동당 최승현 후보가 4.2퍼센트를 얻었다.

부산으로 가보자. 사하갑의 경우 19대 총선에서는 새누리당 문대성 후보가 45.1퍼센트, 더불어민주당 최인호가 41.6퍼센트, 무소속 등 기타 후보들이 13.3퍼센트를 얻었다. 그런데 20대 총선에서는 새누리당 김척수 후보가 45.4퍼센트, 더불어민주당 최인호 후보가 49.4퍼센트, 무소속이 2.9퍼센트를 얻었다. 북강서갑의 경우 19대 총선에서는 새누리당 박민식 후보가 52.4퍼센트, 민주통합당 전재수 후보가 47.6퍼센트를 얻었는데, 20대 총선에서는 새누리당 박민식 후보가 44.1퍼센트, 더불어민주당 전재수 후보가 55.9퍼센트를 얻었다. 남을 역시 19대 총선에서는 새누리당 서용교 후보가 49.4퍼센트, 민주통합당 박재호 후보가 41.5퍼센트, 무소속 등 기타 후보들이 9.1퍼센트를 얻었는데, 20대 총선에서는 새누리당 서용교 후보가 43.5퍼센트, 더불어민주당 박재호 후보가 48.1퍼센트, 국민의당 후보가 8.4퍼센트를 얻었다.

여기 언급한 사례는 모두 야권이 승리한 지역이지만, 패배한 지역에서도 더불어민주당 후보들의 외연 확장 사례가 곳곳에서 나

진보 오리엔탈리즘을 넘어서

타난다. 대표적인 지역이 바로 강남구다. 강남갑의 경우 19대 총선에서는 새누리당 심윤조 후보가 65.32퍼센트, 민주통합당 김성욱 후보가 32.83퍼센트, 기타 후보들이 1.82퍼센트를 얻었다. 그런데 20대 총선에서는 새누리당 이종구 후보가 54.8퍼센트, 더불어민주당 김성곤 후보가 45.8퍼센트를 얻었다. 20대 총선에서는 19대 총선 때 강남갑에 속해 있던 삼성동과 도곡동이 강남병으로 이동하였는데, 해당 동의 새누리당 지지세는 강남갑 지역에 속한 다른 동의 평균 정도다. 따라서 동 이동에 따른 영향은 사실상 없었다. 그만큼 더불어민주당 지지층이 급증한 것이다. 이 같은 변화는 강남병 선거구에서도 나타난다. 이는 모두 새누리당 지지층과 기존 무당파에서 온 것이므로 더불어민주당 후보가 외연 확장을 한 것이다.

여기서 강남구 사례를 특별히 언급한 이유가 있다. 이번에 부산에서 더불어민주당 후보가 예상 밖의 선전을 펼친 것을 두고 지역주의 차원에서 설명하려는 시도가 있다. 즉, 국민의당이 호남에서 우세하면서 더불어민주당의 호남색이 이전보다 약화되었고, 이것이 영남에서의 더불어민주당 세력 확장에 기여했다는 것이다. 20대 총선이 끝난 뒤 추광규가 '국민의당 몰표 없이 더민주 영남 표도 없었다'라는 제목으로 《오마이뉴스》에 기고한 글에는 다음과 같은 내용이 있다.

국민의당에 표를 몰아준 호남에 대한 더민주 지지자들의 푸념도 마찬가지입니다. 제 개인적으로는 이번 4·13 총선이 1990년 3당 합당 전 상황이 아닌가 합니다. YS의 통일민주당, DJ의 평민당, 노태우의 민정당이 바로 그것입니다.

YS가 이끌던 통일민주당이 부산을 기반으로 전국에서 골고루 의석수를 가지고 있었던 데 반해 DJ의 평민당은 호남을 기반으로 하고 수도권에서는 불과 몇 석에 불과했던 것으로 기억합니다.

이번 4·13 총선도 이와 마찬가지가 아닌가 합니다. 부산을 연고로 하는 문재인 전 대표의 더민주가 호남을 제외한 전국에서 당선자를 내게 된 배경은 국민의당이 호남 색깔을 진하게 띠면서 상대적으로 더민주의 지역색이 옅어졌기 때문으로 보입니다.

만약 더민주에 호남이 이전과 같은 지지를 모아줬다면 대구의 김부겸 후보나 무소속 홍의락, 부산 경남의 더민주 후보들이 그렇게 많이 당선할 수 있었을까요?

국민의당의 호남색이 강해지면서 상대적으로 더민주의 호남색은 옅어졌고, 이 때문에 영남권에서 야권의 지지 기반이 확장되었다고 보는 게 정확하지 않을까요? 또 여야 2당 체제에 국민들이 염증을 느끼고 새로운 역할을 국민의당에게 희망한다고 보아야 하지 않을까요?[69]

그런데 이 논리는 지역적 변수만을 중심에 놓고 설명하면서 다른 변수를 고려하지 않는 우를 범하고 있다. 이와 같은 논리로는 보수 여권 지지 성향이 매우 공고하고 영남 출신 엘리트들이 많이 거주하는 강남구에서의 변화를 설명할 수 없다. 특히 강남갑의 김성곤 후보는 호남에서 3선을 하다가 당에 대한 봉사 차원에서 강남갑 지역에 출마한 경우다. 사실상 강남구와 관련이 거의 없는 호남 중진의원이 선거를 얼마 앞두고 출마했음에도 45.8퍼센트를 득표한 것은 정권 심판론을 빼놓고는 설명하기 힘들다. 후술하겠지만 부산에서 더불어민주당의 선전에는 후보 요인이 크게 작용했다. 그러므로 부산에서 더불어민주당의 약진을 지역적인 논리로 설명하는 것은 근거가 약하다.

지금까지 살펴본 경우는 국민의당 후보가 없었음에도 더불어민주당 지지율이 올라간 몇 가지 사례였다. 다음은 국민의당이 존재했음에도 더불어민주당 후보자들이 새누리당 지지층 및 무당파를 끌어들인 것으로 확인된 경우다. 국민의당 후보가 있었음에도 더불어민주당 후보 지지율이 19대와 20대 총선 모두 동일한 수준으로 나왔다면 이는 더불어민주당 지지층이 확장되었다고 해석할 수 있다. 왜냐하면 국민의당 후보들이 더불어민주당 지지층을 잠식한다는 것은 누구나 동의하는 사실이기 때문이다.

서울 서대문을 지역을 보면 19대 총선에서는 새누리당 정두언 후보가 49.4퍼센트, 민주통합당 김영호 후보가 48.5퍼센트, 국민행복당 김종수 후보가 0.97퍼센트, 정통민주당 홍성덕 후보가

1.12퍼센트를 얻었다. 그런데 20대 총선에서는 새누리당 정두언 후보가 39.9퍼센트, 더불어민주당 김영호 후보가 48.9, 국민의당 홍성덕 후보가 11.20퍼센트를 얻었다. 종로를 보면 19대 총선에서는 새누리당 홍사덕 후보 45.9퍼센트, 민주통합당 정세균 후보 52.3퍼센트, 기타 군소 후보 6명이 1.8퍼센트를 얻었다. 20대 총선에서는 새누리당 오세훈 후보 39.7퍼센트, 더불어민주당 정세균 후보 52.6퍼센트, 국민의당 박태순 후보 5.6퍼센트, 기타 7명의 후보가 2.1퍼센트를 얻었다. 중랑을도 비슷하다. 19대 총선에서는 새누리당 강동호 후보가 43.6퍼센트, 민주통합당 박홍근 후보가 44.5퍼센트, 기타 후보들이 11.9퍼센트를 얻었다. 20대 총선에서는 새누리당 강동호 후보 36.7퍼센트, 더불어민주당 박홍근 후보 44.3퍼센트, 국민의당 강원 후보 14.5퍼센트, 무소속 후보가 2.9퍼센트를 획득했다.

여기 언급한 사례를 보면 더불어민주당 후보는 19대와 20대 모두 동일한 수준의 득표율을 얻었는데, 새누리당은 전반적으로 하락했다. 국민의당 후보들의 표가 기존 새누리당과 더불어민주당으로부터 어느 정도 유래했는지 확실히 알기는 불가능하지만 더불어민주당 지지층으로부터 일정 정도 넘어온 것은 확실하므로 그만큼 더불어민주당 후보는 외연 확장(새누리당 지지층＋무당파)을 한 것이다.

그러면 수도권에서 국민의당 후보는 더불어민주당 지지표를 어느 정도 잠식했을까? 대략적인 정도라도 가늠해보기 위하여 19대와 20대 총선 때 새누리당과 더불어민주당 후보가 동일하고 20대 총선에서 국민의당 후보만 추가된 사례를 우선 골라보았다. 그중에서 20대 총선 때 새누리당, 더불어민주당 후보 지지율이 모두 하락하였고 그만큼 국민의당 지지로 옮겨갔다고 판단할 수 있는 경우를 살펴보았다. 이런 경우가 두 군데 있었는데, 서울 구로을과 영등포을이다.

구로을은 19대 총선에서 새누리당 강요식 후보가 35.05퍼센트, 민주통합당 박영선 후보가 61.94퍼센트, 진보신당 심재옥 후보가 3퍼센트의 득표를 했다. 20대 총선에서는 새누리당 강요식 후보가 31.5퍼센트, 더불어민주당 박영선 후보가 54.1퍼센트, 국민의당 정찬택 후보가 12.6퍼센트, 기타 후보가 1.7퍼센트를 얻었다. 19대와 비교해보면 새누리당 강요식 후보는 3.55퍼센트포인트, 더불어민주당 박영선 후보는 7.84퍼센트포인트 하락했는데, 국민의당 후보는 대체로 두 후보에게서 이탈한 유권자의 합만큼 득표했다고 볼 수 있다.

영등포을은 19대 총선에서 새누리당 권영세 후보가 47.4퍼센트, 민주통합당 신경민 후보가 52.6퍼센트를 얻었는데, 20대 총선에서는 새누리당 권영세 후보 37.7퍼센트, 더불어민주당 신경민 후보 41.1퍼센트, 국민의당 김종구 후보 18.7퍼센트, 기타 후보들이 2.5퍼센트를 얻었다. 20대 총선 결과를 보면 권영세 후보는 19대 총선에서보다 득표율이 9.7퍼센트포인트 하락하고 신경민 후보는 11.5퍼센트포인트 하락했는데 이만큼을 국민의당 후보와 기타 후보들이 가져간 것이다.

두 사례에서 보듯 국민의당 지역구 후보들은 기존 새누리당 지지층보다 더불어민주당 지지층에서 더 많은 지지를 얻고 있는 것으로 볼 수 있다. 이는 다른 정황 증거를 통해서도 확인할 수 있다. 국민의당 후보 대부분이 기존 민주당 계열 출신 정치인들이고, 정치 신인들 역시 기존 민주당 세력에 정치적 연고를 갖고 있는 경우가 대부분이다. 그러므로 국민의당 지지층에는 기존 더불어민주당 지지층에서 이동한 경우가 더 많다고 충분히 추정해볼 수 있다.

지금까지 비교 대조를 하기에 명확한 사례들을 주로 언급했다. 이 외에도 더불어민주당과 정의당 및 무소속 지역구 후보들이 지지세를 확장한 사례는 많다. 이에 반해 지역구에서 국민의당의 역할은 찾을 수 없다. 특히 안철수의 해석은 야권의 불모지인 영남권 그리고 불모지는 아니어도 경합열세에 놓여 있던 충청권 지역에서 선전한 더불어민주당 및 다른 야당 후보자들에 대한 예의가 아니다.

부산만 놓고 봐도 당선자 세 명(전재수, 최인호, 박재호)은 수차례 낙선했음에도 불구하고 굴하지 않고 꾸준히 노력하여 지지세를 넓힌 경우이고, 김영춘 후보 역시 두 차례 만에 승리한 경우이

진보 오리엔탈리즘을 넘어서

다. 연제 김해영 의원만 처음 출마하여 당선되었는데 이 지역은 국민의당 후보 없이 새누리당 후보와 일대일로 맞대결해 승리한 경우이다. 경남·울산으로 가면, 김해을 김경수 의원 역시 도지사 선거까지 포함해 세 차례 만에 성공한 경우이다. 그리고 창원의 노회찬, 울산에서 당선된 진보 성향 야권 당선자인 북구의 윤종오, 동구의 김종훈 등은 지역구 배경 및 정치적 자생력이 있는 후보 요인 등이 결합된 경우이다. 이들의 당선에 국민의당이 기여한 바는 없다.

그리고 충청 지역만 봐도 대전에서 승리한 네 곳은 기존 더불어민주당 우세 지역이고, 세종시를 비롯해 더불어민주당 계열 후보들이 승리한 지역을 보면 선거구 신설로 인해 야권에 유리하게 재편되었거나 수차례 출마를 통해서 지역 기반을 구축한 경우 등이다. 여기에서도 안철수 대표와 국민의당이 기여한 바는 없다.

지금까지 살펴본 것처럼 지역구에서 더불어민주당을 비롯한 야권 성향 후보들이 승리한 지역을 보면 국민의당은 조력자로서 역할을 한 것이 없다. 전체적으로 야권이 지역구 의석을 대폭 확장하는 데 국민의당이 주연으로서 역할을 한 것은 없고 조연으로서도 역할을 한 것이 없다.

반면 국민의당 변수가 지역구에서 마이너스 요인으로 작용했다고 볼 수 있는 근거는 여럿 있다. 우선 더불어민주당, 국민의당 후보의 합산 득표율이 새누리당 후보의 득표율을 상회한 지역이 총 33곳이고 그중 수도권이 23개 지역에 달한다. 물론 단일화를 한다고 해서 단일 후보가 두 당의 기존 지지층을 모두 수렴할 수 있는 것은 아니므로 33곳에서 전부 이길 수 있었다고 판단하는 것은 무리다.

서울의 경우 새누리당이 12곳에서 이겼는데, 새누리당이 자력으로 50퍼센트를 넘긴 강남갑, 강남병, 서초갑을 빼면 9곳이다. 여기서 새누리당 후보들이 40퍼센트가 안 되는 득표율을 얻은 관악을, 중·성동을, 강북갑 등 세 곳은 야권 단일화가 이루어졌다면 야권 후보의 승리가 매우 높았다고 판단할 수 있다. 이 세 지역의 경우 다른 선거 결과를 보면 범진보 세력에 대한 지지가 높았기 때문이다.

그 외 6곳에서는 새누리당 후보가 40퍼센트대의 득표율을 올렸다(도봉을 43.7퍼센트, 강서을 45.9퍼센트, 동작을 43.4퍼센트, 서초을 46.8퍼센트, 송파갑 44퍼센트, 양천을 42퍼센트). 역대 선거 경향을 볼 때 서초을의 경우 야권이 승리하기 어렵다고 가정한다면 5곳이 남는데, 독자적으로 득표율 50퍼센트에 근접한 강서을을 빼고 40퍼센트대 초반의 득표율을 보인 도봉을, 양천을, 동작을, 송파갑 4곳은 야권 연대를 했을 경우 치열한 경쟁이 이뤄졌을 것으로 보인다.

이와 같은 패턴은 경기, 인천, 대전 등에서도 나타났다. 특히 인천 부평갑, 경기 안산단원갑, 안산단원을 등 3개 지역은 1위를 차지한 새누리당 후보의 득표율이 40퍼센트를 넘지 못했다. 그리고 이 세 지역의 경우 다른 선거 결과를 보면 범진보 세력에 대한 지지가 높았다. 따라서 20대 총선에서 야권 단일화가 이뤄졌으면 야권이 승리했을 가능성이 매우 높았다. 그리고 이 세 지역은 서울 관악을, 중·성동을, 강북갑과 마찬가지로 더불어민주당과 국민의당 후보가 2위와 3위를 차지했는데, 3위 후보(더불어민주당 3곳, 국민의당 3곳)의 득표율이 20퍼센트가 넘었다는 공통점이 있다. 야권 표가 2위 후보에게 몰리지 못하고 분산된 것이다.

그 외 인천에서 2개 지역(남구갑, 연수을), 경기도에서 6개 지역(남양주병, 평택을, 성남중원, 의정부을, 안양 동안을, 시흥갑), 대전에서 3개 지역(동구, 중구, 대덕구) 등 11개 지역의 경우 다른 선거 결과 등과 비교해 판단해볼 때 야권 단일 후보였을 경우 야권 후보가 승리했을 가능성이 높았다고 볼 수 있다.

이외에도 야권 후보들이 낙선한 지역을 보면 3위를 한 야권 후보와 2위를 한 야권 후보와의 격차가 적게 나타났다. 그리고 서울 동작갑 같은 기존의 야권 강세 지역에서 더불어민주당 후보가 당선된 경우에도 3위 후보가 선전할수록 2위를 한 새누리당 후보와의 격차가 줄어드는 경향이 나타났다.

이러한 다양한 경우를 종합적으로 검토해보면 지역구에서 야권 분열은 야권 전체에 긍정적인 역할을 하지 못했다. 야권 분열에 따른 패배가 명확하다고 볼 수 있는 6곳 외에도 몇 곳은 새누리당

5장 진보 오리엔탈리즘, 무엇이 문제인가

과 일대일 구도가 형성되었더라면 야권 후보가 승리했을 것이다.

그러므로 지역구에서 야권이 압승을 하게 된 것은 안철수과 국민의당 덕분이 아니다. 정권 심판론이 강하게 작용하여 야권으로 지지가 몰렸기 때문이다. 20대 총선을 앞둔 2016년 4월 4일 《내일신문》은 여론 조사 기관 디오피니언을 통해 실시한 여론 조사 결과를 보도했는데, 55.3퍼센트가 이번 총선을 여당 심판 선거로 보고 있었고 22.6퍼센트만이 야당 심판론에 동조하고 있었다. 특히 서울의 경우 61.4퍼센트가 정권 심판론에 동조하고 있었다. 수도권 야당 압승의 원인을 알 수 있는 근거다. 그럼에도 여러 기술적 한계가 있는 지역구 단위 여론 조사 결과가 여당에 유리하게 나오고 이것을 중심으로 공론이 형성되다 보니 저변에 깔린 정권 심판론의 위력을 제대로 포착해내지 못했던 것이다.

20대 총선에서 야권의 압승은 좀 더 장기적인 추세에서 살펴볼 필요가 있다. 한국의 신보수 세력은 2006년 지방선거, 2007년 대선, 2008년 총선에서 압도적인 승리를 거둔 바 있다. 그때부터 한국에서 일본 자민당 장기 집권과 같은 상황이 나타날 것이라는 주장이 나오기 시작했다. 그만큼 범진보 진영은 매우 어려운 상황에 처해 있었다.

그러나 2010년 지방선거 이후 진보 야권에 대한 국민의 지지는 기본적으로 강화되어왔다. 2012년 총선과 대선에서 당시 진보 야권은 패배했지만 그 격차는 적었다. 당시 진보 야권 지지층 내에

진보 오리엔탈리즘을 넘어서

서 정권 교체에 대한 기대감이 너무 강했기 때문에 2012년 양대 선거에서 패배한 이후 '멘붕'이라는 말이 회자되기도 했지만, 그 두 선거에서도 2010년 지방선거 이후 나타난 진보 야권의 상승 경향은 확인된다. 그리고 2014년 지방선거를 보면 서울시장 선거에서 박원순 후보가 압승했고 25개 구청장 중에서도 20곳을 석권한 바 있다.

그렇게 볼 때 20대 총선 결과는 이명박 정권 이후 뉴라이트 세력에 대한 국민의 불만이 고조되고 있다는 사실을 확인시켜준 것이었다. 진보 야권에게 여러 마이너스 요인이 있었고 진보 야권이 대안 세력으로서 신뢰를 주지 못하는 상황에서도 강경 뉴라이트 세력에 대한 불만이 그 임계점을 돌파하여 진보 야권의 마이너스 요인을 상쇄하고도 남은 것이다. 따라서 야권은 겸허해야 한다. 야권의 대승은 야권이 잘해서가 아니라 정권 심판론이 강했기 때문에 나타난 결과였다. 더불어민주당도 국민의당도 이 점을 명심해야만 한다.

진보 오리엔탈리즘의 해체와 자생적 중도화

지금까지 살펴보았듯이 진보 오리엔탈리즘은 한국 정치에 커다란 영향을 미치고 있다. 진보 세력은 진보 오리엔탈리즘에 의해 의식의 식민화 상태에 빠져 보수적 프레임을 무비판적으로 받아들였다. 의식의 식민화는 자신에 대한 부정을 넘어 스스로를 모욕하고 자신에게 불리한 행동의 문제점을 제대로 인식하지 못하도록 한다는 점에서 매우 심각한 문제다. 그 결과 진보 세력은 자발적·적극적으로 자기 파괴적 행동을 하는 심각한 오류를 범해왔다.

그동안 민주당 세력을 비롯한 범진보 세력은 혁신과 부활을 위해 수많은 노력을 기울였지만 의도한 만큼 성과를 내지 못했다.

실패의 근본적인 원인은 진보 오리엔탈리즘의 문제점을 제대로 인식하지 못했다는 것이다. 진보 오리엔탈리즘은 진보 세력의 정치사회적 기반을 와해시키기 때문에 무엇보다 이 문제에 대한 해결이 선행되어야만 했다. 그러나 그동안 진보 오리엔탈리즘을 제대로 인식하지 못했기 때문에 애초에 근본적인 해법 제시 자체가 불가능했다. 그런 상황 속에서 제시된 여러 처방은 근본적인 해결책이 될 수 없었다. 결국 사상누각이었다.

이 문제를 해결하기 위해서는 '자생적 중도화'가 필요하다. 진보 오리엔탈리즘에 의한 의식의 식민화 현상은 소위 '묻지마 중도화'와 관련되어 있다. '묻지마 중도화'는 돌진형 중도화, 맹목적 중도화, 투항적 중도화를 포괄하는 담론으로, 중도화를 통한 외연 확장이라는 목표에 함몰되어 과정과 수단 그리고 정당성을 도외시하는 것을 총칭한다. 정치는 지배의 정당성을 창출하는 고도의 집합적 행위인데 '묻지마 중도화'는 지배의 정당성을 고려하지 않기 때문에 많은 문제를 초래한다. 결국 '묻지마 중도화'는 진보 내부의 기반을 스스로 침식시키는 치명적인 결과를 낳았다.

진보 오리엔탈리즘의 극복은 자생적 중도화의 성공과 직결되어 있다. 자생적 중도화를 이룰 수 있다면 진보 오리엔탈리즘의 원인과 결과로부터 해방될 수 있다. 이를 위한 기본 조건은 자기 중심을 구축하는 일이다. 이에 반해 '묻지마 중도화'는 자기 중심을 해체하면서 외연을 확장하려고 한다. 본문에서 살펴본 대로 진보 오리엔탈리즘은 진보의 고유한 정체성과 가치를 내부에서부터 서서히 파괴한다. 그리고 중심이 해체되고 흩어지면서 발생한 빈틈에 보수적 프레임이 파고든다. 이는 외연 확장이 아니라 자기 기반의 약화일 뿐이다. 그러므로 자기 중심을 구축하는 일이 무엇보다 중요하다.

이와 같은 자기 중심 구축은 이데올로기 영역과 정치 세력화 영역의 두 측면에서 살펴볼 수 있다. 먼저 담론, 프레임 등 이데올로기 영역과 관련해 살펴보면, 보수 세력에 의해 왜곡되고 폄훼당하고 있는 진보 정체성과 가치에 대한 방어가 우선적으로 필요하다. 한 예로 김대중은 뉴라이트 세력이 김대중-노무현 정권을 '잃어버린 10년'이라고 공격하자 '잃어버린 50년을 되찾은 10년'이라고 대응했으며 '퍼주기' 공세에 대해서도 '퍼주기가 아니라 퍼오기'라고 대응한 바 있다. 상대의 공격에 밀리지 않고 오히려 그것을 뛰어넘는 담론 전략을 보여준 것이다.

이 책에서는 진보 오리엔탈리즘이 나타나는 다섯 가지 구체적 양상을 다뤘다. 그런데 민주당 계열 정당을 비롯해 현재 활동하고 있는 범진보 세력은 보수 프레임에 제대로 대응하지 못한 채 수세에 몰렸고 결국 의식의 식민화 상태에 빠져버렸다. 그 결과 진보 세력은 스스로를 파괴하는 자해적인 조치를 하게 되었다. 그러므로 범진보 세력은 진보 오리엔탈리즘의 문제점을 심각하게 인식해야만 한다. 이것이 문제의 근원임을 명확하게 깨달아야 한다. 그런 다음 김대중처럼 보수 프레임을 뛰어넘는 담론 전략을 제시해야만 한다.

그다음은 정치 세력화와 관련된 영역이다. 자생적 중도화를 통한 외연 확장을 이루기 위해 선결해야 하는 과제는 민주당 세력을 포함한 범진보 세력의 전통적 지지 기반을 복원하는 것이다. 범진보 세력의 전통적 지지 기반은 호남과 운동권이다. 그런데 지금은 '탈호남'과 '반노무현'이라는 진보 오리엔탈리즘에 의해서 두 진영 사이의 반목과 갈등이 심하다. 현재 나타나고 있는 두 세력 사이의 반목과 갈등의 핵심은 김대중 지지층과 노무현 지지층 사이의 대립이다. 2003년 대북송금 특검, 민주당 분당에서부터 시작된 두 세력 사이의 갈등은 김대중 전 대통령이 생존해 있던 시절에도 문제가 되었던 사안이다.

김대중 전 대통령은 2007년 17대 대선을 앞두고 당시 분열되어 있던 민주당 세력이 통합되어야 한다는 점을 강조했다. 또한 김대중 전 대통령은 노무현 전 대통령의 비극적 서거 소식을 듣고 "내 몸의 반쪽을 잃은 것 같다"고 했다. 이처럼 김대중은 민주당이라는 정치적 모태를 가진 세력들 사이의 연대와 통합이 필요하다고 판단했다. 김대중과 노무현 사이에 긴장 관계가 형성된 적도 있었지만, 그것은 일시적이고 부분적인 문제였다. 김대중 지지층과 노무현 지지층은 근본적으로 정치적 뿌리가 같기 때문에 통 큰 연대와 단결이 필요하다. 이는 서거한 두 전직 대통령의 유지이기도

하다. 또한 이는 진보 오리엔탈리즘이 초래한 민주당 세력 내부의 갈등과 분열을 치유하는 데 결정적 역할을 할 것이다.

두 세력은 상대방을 공격할 때 진보 오리엔탈리즘을 동원하기 때문에 그 후유증이 매우 크다. 정치적 상황에 따라서 어느 한쪽이 승리한다고 해도 민주당 세력 전체 입장에서 보면 부담이 된다. 부분의 이익이 결코 전체의 이익으로 이어지는 것은 아니다. 그렇기에 특정 세력의 입장에서는 합리적인 선택이더라도 전체 입장에서는 비합리적인 결론으로 이어질 수 있다. 더욱이 지금 두 세력은 상대 진영의 정체성을 훼손하는 행위를 마다하지 않는데, 이는 상대의 자존감을 건드리기 때문에 갈등을 격화시킨다.

그러면 어떻게 해야 하는가? 우선 연대 의식의 회복이 필요하다. 지금 반목하고 있는 김대중 지지층과 노무현 지지층 모두 역사적 상처가 있다. 그렇지만 두 세력이 안고 있는 상처를 치유하고 해소하려는 노력은 별로 없었다. 이를 해결하기 위해서는 각 세력이 상대방의 상처를 그들의 입장에서 이해할 수 있게 해주는 내재적인 접근이 필요하다. 그러면 지금 발생하고 있는 많은 문제가 해결될 수 있을 뿐 아니라 아래로부터의 연대 의식을 형성할 수 있을 것이다.

연대 의식은 구성원들 간의 공통점과 상호 의존의 필요성을 인식하는 것으로, 차이가 있지만 동질적인 부분의 가치를 중요시하는 태도, 양적인 차이를 질적인 차이로 이해하지 않는 것, 인격적

진보 오리엔탈리즘을 넘어서

가치를 권력관계(자본과 정치권력)에 종속시키지 않는 것 등을 포괄한다. 그래서 정치적 차원에서 연대 의식은 패권 의식과 양립할 수 없다. 연대는 복수의 주체 사이의 상호 존중, 이해, 호혜의 관계에서 발현되는 것인데, 패권은 힘의 역학관계 속에서 열등한 위치에 놓인 대상을 압박하고 굴복시켜 지배하고자 하는 태도를 의미하기 때문이다. 특히 패권 의식이 진보 오리엔탈리즘과 결부되어 작동할 경우 문제가 더욱 심각해진다. 상대에 대한 부정을 권력관계의 우열을 통해 관철시키려고 하기 때문에 그 과정에서 극심한 상호 반목과 불신이 나타난다. 2003년부터 현재까지 진행 중인 민주당 계열 정당의 지속적인 파열은 바로 그러한 메커니즘 속에서 나타나는 것이다.

그러므로 이 문제에 대한 근본적인 성찰이 필요하다. 그래야만 최순실 게이트로 정치적·역사적 파산 선고를 받은 신보수주의 세력을 대체할 새로운 개혁의 동력을 형성할 수 있다. 신보수주의 세력의 몰락으로 범진보 세력의 정권 교체 가능성이 높아진 것은 사실이다. 그러나 정권 교체를 넘어 시대 교체로 나아가기 위해서는 함께 촛불을 든 세력들이 아래로부터의 연대 의식을 형성하는 것이 필요하다. 그 기반 위에서 자생적 중도화의 길을 개척할 때 정권 교체가 시대 교체로 진전될 수 있는 동력을 형성할 수 있다. 그리고 그것이 이뤄질 때 신보수주의와 진보 오리엔탈리즘 모두를 극복하고 새로운 시대로 나아갈 수 있다.

미주

1 이 같은 안철수 의원 측의 입장이 알려지자 반발이 거세졌고 안 의원 측
  은 하루 만에 이 주장을 철회했다.

2 대통령비서실, 《김대중 대통령 연설문집》 제1권, 1998, 65쪽.

3 '김무성 공동선대위원장, 이만기 김해을 후보 지원유세 및 순방 주요 내
  용', 새누리당 보도 자료, 2016. 4. 4.

4 '안철수 "백신 만들어냈던 것처럼 정치판 바꾸겠다"', 《뷰스앤뉴스》,
  2016. 2. 3.

5 이에 대해서는 2장에서 상세히 설명할 것이다.

6 테리 이글턴, 《이데올로기 개론》, 여홍상 옮김, 한신문화사, 1994,
  1~2쪽.

7 테리 이글턴, 위의 책, 7장.

8 다이안 맥도넬, 《담론이란 무엇인가》, 임상훈 옮김, 한울, 1992,
  13~14쪽.

9 찰스 엘더·로저 콥, 《상징의 정치적 이용》, 류영옥 옮김, 홍익재, 1993,
  52~53쪽.

10 찰스 엘더·로저 콥, 위의 책, 56쪽.

11 1997년 대선에서도 오익제 월북 사건 등을 통해서 김대중 후보에 대한
   색깔론이 제기되었지만 과거와 같은 정치적 효과는 없었다.

12 사재기 현상은 1994년 1차 북핵 위기론이 고조되었을 당시가 마지막이

었다. 이후로는 북한의 국지적 도발이나 안보위기론이 제기되었을 때 예전처럼 사재기 현상이 발생하지 않았는데, 보수 일각에서는 이 같은 변화를 안보불감증이라고 지적하기도 하였다.

13 칼 슈미트, 《정치적인 것의 개념》, 김효전·정태호 옮김, 살림, 2012, 39쪽.

14 샹탈 무페, 《정치적인 것의 귀환》, 이보경 옮김, 후마니타스, 2007.

15 Ernesto Laclau and Chantal Mouffe, *Hegemony & Socialist Strategy: Towards a Radical Democratic Politics*, London: Verso, 1985, pp. 105-114.

16 Lawrence Grossberg ed. "On Postmodernism and Articulation: An Interview with Stuart Hall", *Journal of Communication Inquiry* 10(2), 1986, pp. 46-60.

17 앤서니 기든스, 《사회이론의 주요 쟁점》, 윤병철·박병규 옮김, 문예출판사, 1991, 262~263쪽.

18 Bob Jessop, *State Theory: Putting the Capitalist State in its Place*, Polity Press, 1990, pp. 207-209.

19 *Ibid*, pp. 211-212.

20 테리 이글턴, 앞의 책, 21쪽.

21 Antonio Gramsci, *Selections from the Prison Notebooks of Antonio Gramsci*, International Publishers, 1971, pp. 106-114.

22 최장집, 《한국민주주의의 조건과 전망》, 나남, 1996, 35쪽.

23 Samuel Huntington, *The Third Wave: Democratization in Late Twentieth Century*, Norman: University of Oklahoma Press, 1991, pp. 266-267.

24 Adam Przeworski, *Democracy and the Market*, Cambridge: Cambridge University Press, 1991, p. 26.

25 Richard Gunther, Hans Jürgen Puhle, P. Nikiforus Diamandouros, *Politics of Democratic Consolidation: Southern Europe in Comparative Perspective*, Baltimore: Johns Hopkins University Press, 1995, pp. 12-13.

26 이내영·박은홍,《동아시아의 민주화와 과거청산》, 아연출판부, 2004, 249쪽.

27 임혁백, 〈한국 근대 정치의 인문학적 읽기: [비동시성의 동시성]에 인용된 문학작품의 해석을 중심으로〉,《학술원논문집(인문·사회과학편)》제54집 2호, 2015, 5~7쪽.

28 데이비드 하비,《신자유주의: 간략한 역사》, 최병두 옮김, 한울, 2007, 106~112쪽.

29 데이비드 하비, 위의 책, 107쪽.

30 스튜어트 홀,《대처리즘의 문화정치》, 임영호 옮김, 한나래, 2007, 21, 106쪽.

31 스튜어트 홀, 위의 책, 256쪽.

32 스튜어트 홀, 위의 책, 305~306쪽.

33 스튜어트 홀, 위의 책, 287~296쪽.

34 조희연, 〈'헤게모니 균열'의 문제설정에서 본 현대한국 정치변동의 재해석: 그람시의 헤게모니론의 재해석에 기초하여〉,《마르크스주의 연구》제5권 제1호, 2008.

35 김동춘,《1997년 이후 한국사회의 성찰―기업사회로의 변환과 과제》, 길, 2006, 13~32쪽.

36 신진욱·이영민, 〈시장포퓰리즘 담론의 구조와 기술〉,《경제와 사회》통권 제81호, 2009.

37 고병권, 〈불안시대의 삶과 정치〉, 이진경 외,《전지구적 자본주의와 한국사회》, 그린비, 2008.

38 정정훈, 〈헤게모니에서 시큐리티로―신자유주의 통치체제는 어떻게 작동하는가〉, 도미야마 이치로 외,《휘말림의 정치학》, 그린비, 2012.

39 이동연, 〈박근혜 통치성과 이데올로기의 정치〉,《문화/과학》통권 77호, 2014.

40 김정한, 〈박근혜 정부의 통치전략―헤게모니 없는 배제의 정치〉,《문

화/과학》 통권 77호, 2014, 66~67쪽.

41 파트리스 보네위츠, 《부르디외 사회학 입문》, 문경자 옮김, 동문선, 2000, 5장.

42 김득중, 《'빨갱이'의 탄생》, 선인, 2009.

43 권혁범, 〈반공주의 회로판 읽기: 한국 반공주의의 의미 체계와 정치 사회적 기능〉, 《당대비평》 통권 제8호, 1999.

44 최장집, 앞의 책, 231쪽.

45 손호철·김윤철, 〈국가주의 지배담론〉, 조희연 편, 《한국의 정치사회적 지배담론과 민주주의 동학》, 함께읽는책, 2003, 265~266쪽.

46 Michael Mann, *States, War and Capitalism: Studies in Political Sociology*, Oxford: Blackwell, 1988, p. 5.

47 임현진·송호근, 〈박정희 체제의 지배이데올로기〉, 역사문제연구소 편, 《한국정치의 지배이데올로기와 대항이데올로기》, 역사비평사, 1994.

48 돈 오버도퍼·로버트 칼린, 《두 개의 한국》, 이종길 옮김, 길산, 2014, 257~281쪽.

49 Patric Hogan, *The Culture of Conformism: Understanding Social Consent*, Duke University Press, 2001. p. 58.

50 최장집, 〈지역감정의 지배이데올로기적 기능〉, 김학민·이두엽 기획편집, 《지역감정 연구》, 학민사, 1991.

51 박상훈, 《만들어진 현실》, 후마니타스, 2009.

52 Murray Edelman, *The Symbolic Uses of Politics*, Urbana: University of Illinois Press, 1964.

53 민주통합당 대선평가위원회, 〈18대 대선 평가 보고서—패배 원인 분석과 민주당의 진로〉, 2013.

54 '바보 노무현 박정희를 뛰어넘다', 《시사인》, 2016. 9. 19.

55 '김영환 "문재인 당선, 나라 망치는 정권 교체"', YTN 〈신율의 출발 새 아침〉, 2016. 10. 24.

56 '문재인을 위한 변명', 《경향신문》, 2016. 4. 21.

57 '8일 '호남은 대선 들러리인가?' 강연 앞둔 김욱 서남대 교수 인터뷰', 《무등일보》, 2016. 9. 6.

58 정호영, 〈민족 정체성 형성에 관한 정치사회학적 연구〉, 고려대학교 대학원 사회학과 박사학위 논문, 2001, 26쪽.

59 김욱, 《아주 낯선 상식》, 개마고원, 2015, 248~249쪽.

60 칼 슈미트, 앞의 책, 39쪽.

61 샹탈 무페, 앞의 책.

62 막스 베버, 《경제와 사회》, 박성환 옮김, 문학과지성사, 1997, 408쪽.

63 막스 베버, 위의 책, 146쪽.

64 전성우, 〈막스 베버의 지배사회학 연구〉, 전성우 편, 《막스 베버 사회학의 쟁점들》, 민음사, 1995.

65 '문재인 "정권 교체 이룰 자신 있다"', 《세계일보》, 2016. 9. 7.

66 '문재인 의원 당 대표 출마 선언 "이기는 정당 만들겠다"', 《파이낸셜뉴스》, 2014. 12. 29.

67 '문재인 "3번의 죽을 고비 내 앞에 있다"', 《국민일보》, 2015. 2. 5.

68 ''반성문' 딜레마 빠진 한명숙', 《주간경향》 965호, 2012. 3. 6.

69 '국민의당 몰표 없이 더민주 영남 표도 없었다', 《오마이뉴스》, 2016. 4. 17.